本研究得到了中国留学基金委（CSC）、
云南大学"双一流"学科建设出版基金经费的资助

白汉双语儿童汉语韵律焦点发展研究

刘增慧 著

中国社会科学出版社

图书在版编目(CIP)数据

白汉双语儿童汉语韵律焦点发展研究/刘增慧著. —北京：中国社会科学出版社，2021.9
ISBN 978-7-5203-8835-1

Ⅰ.①白⋯ Ⅱ.①刘⋯ Ⅲ.①汉语—韵律(语言)—研究 Ⅳ.①H11

中国版本图书馆 CIP 数据核字(2021)第 157851 号

出 版 人	赵剑英	
责任编辑	陈肖静	
责任校对	刘 娟	
责任印制	戴 宽	

出　　版	中国社会科学出版社	
社　　址	北京鼓楼西大街甲 158 号	
邮　　编	100720	
网　　址	http://www.csspw.cn	
发 行 部	010-84083685	
门 市 部	010-84029450	
经　　销	新华书店及其他书店	
印　　刷	北京明恒达印务有限公司	
装　　订	廊坊市广阳区广增装订厂	
版　　次	2021 年 9 月第 1 版	
印　　次	2021 年 9 月第 1 次印刷	
开　　本	710×1000　1/16	
印　　张	15.75	
插　　页	2	
字　　数	201 千字	
定　　价	88.00 元	

凡购买中国社会科学出版社图书，如有质量问题请与本社营销中心联系调换
电话：010-84083683
版权所有　侵权必究

目　录

前言 ·· （1）

第一章　引言 ·· （1）
　一　研究范围 ·· （1）
　二　韵律焦点编码 ·· （6）
　三　双语者韵律焦点编码的习得 ····················· （21）
　四　白汉早期双语者的一语和二语 ·················· （25）
　五　研究问题和研究假设 ······························· （31）
　六　本书框架 ·· （36）

第二章　白语的韵律焦点编码 ································ （38）
　一　引言 ··· （39）
　二　白语和汉语的语言接触 ···························· （43）
　三　研究方法 ·· （46）
　四　统计分析和结果 ······································ （54）
　五　结论与讨论 ··· （67）

第三章 大理方言的韵律焦点编码 ……………… (70)
  一 引言 ……………………………………………… (71)
  二 研究方法 ………………………………………… (77)
  三 统计分析和结果 ………………………………… (83)
  四 结论与讨论 ……………………………………… (96)

第四章 白汉双语儿童的韵律焦点编码习得研究 …… (99)
  一 引言 ……………………………………………… (100)
  二 研究方法 ………………………………………… (108)
  三 统计分析和结果 ………………………………… (115)
  四 结论与讨论 ……………………………………… (139)

第五章 白汉早期双语者的汉语韵律焦点编码最终习得状态研究 ………………………………………… (144)
  一 引言 ……………………………………………… (145)
  二 研究方法 ………………………………………… (152)
  三 统计分析和结果 ………………………………… (159)
  四 讨论和结论 ……………………………………… (174)

第六章 讨论与结论 …………………………………… (179)
  一 引言 ……………………………………………… (179)
  二 主要研究发现、重访研究假设 ………………… (180)
  三 讨论与结论 ……………………………………… (188)
  四 有待进一步研究的问题 ………………………… (195)

目 录

参考文献 ……………………………………………………（198）

附录 ………………………………………………………（223）
    附录 A　家庭语言使用问卷（中文版）……………（223）
    附录 B　家庭语言使用问卷（英文版）……………（227）
    附录 C　白语实验材料转写文本 …………………（231）
    附录 D　发音人信息一览表（N = 51）……………（238）

后记 ………………………………………………………（242）

前　言

本研究探索了早期白汉双语儿童汉语（L2）韵律焦点习得的发展。通过考察从六岁至十三岁的白汉双语儿童和白汉双语成人，探明了白汉双语者汉语韵律焦点的发展路径和最终习得状态。双语和单语儿童的汉语韵律焦点习得在发展路径和速率上，既有共性又有差异。就发展路径而言，双语儿童与单语儿童类似，即能使用音高和时长来编码焦点。但是，双语儿童对于使用韵律来区分焦点而非焦点类型的习得却晚于单语儿童。就发展速率而言，在经过五年的正式普通话教育之后，早期双语儿童的汉语能力仍无法和同等汉语输入的单语儿童相比。本研究首次在韵律习得方面提供了双语儿童语言发展相对滞后的证据，即早期双语儿童的韵律发展并不能与单语儿童持平。这一研究结果与前人对于双语儿童语言发展中的语音发展结论基本一致，但却与词汇和句法发展的结论相悖。另外，本研究发现早期双语成人较好地掌握了在汉语中使用音高和时长来编码焦点，但是仍和汉语母语者有一定差距。总而言之，本研究发现母语正负迁移在双语者的语言发展中是十分显著的影响因素。更为重要的是，非标准化二语输入同样对早期双语者语言发展的路径和速率造成不可忽视的影响。

第一章 引言

一 研究范围

在中国乃至全球范围内存在着在多于一种语言的环境中成长,且人口基数很大的儿童群体①——双语儿童。然而,人们对于双语儿童语言发展的认识仍十分局限,尤其是在韵律习得方面(Hoffmann,2014;Paradis,2007)。本研究关注的正是早期双语儿童的语言发展。在双语和语言习得的研究中,研究者根据双语者语言习得年龄的不同将其划分为:"早期双语者"(early bilingualism)和"晚期双语者"(late bilingualism)(Hoffmann,2014:18)。针对早期双语者习得年龄的界定,即习得第二语言的时间点,学界进行了长达数十年的讨论:从3岁到青春期,各个时间点都不乏支持的学者(Bialystok & Miller, 1999;DeKeyser, 2000;Goodluck, 1986;Guasti, 2004;Johnson & Newport, 1989;Krashen, 1973;Lakshmanan, 1995;Lenneberg, 1967;Long, 1990;McLaughlin, 2012;Penfield & Roberts, 2014;Schwartz, 2004;Unsworth, 2005)。本研究依照Unsworth(2005)设定的年龄标准,将早期双语者界定为:从4岁到7岁之间开始习

---

① 在中国,绝大部分人口都操汉语。然而,中国共有55个少数民族(超过1亿人口),其中52个少数民族拥有自己的民族语言。

得第二语言的双语者①；将晚期双语者界定为：从 8 岁或更晚的年龄开始学习第二语言的学习者。

就双语儿童的二语习得研究而言，其核心问题是：探究早期双语儿童的二语习得是否和单语儿童的一语习得类似（Meisel，2004；Paradis，2007；Unsworth，2005）。这个研究问题的答案似乎和已有研究探索的究竟是产出习得还是感知习得紧密相关。比如，Unsworth（2005）对英语（L1）—荷兰语（L2）早期双语儿童的语言发展进行研究后发现，英语（L1）—荷兰语（L2）早期双语儿童对其荷兰语（L2）中的直接宾语乱序这一句法范畴在理解发展上与荷兰语单语儿童是非常类似的，但是在产出中的表现却和荷兰语单语儿童大相径庭。另外，早期双语儿童的二语发展是否和单语儿童的一语发展一致似乎还和已有研究具体探索是哪一个语言领域，比如词汇、句法、还是音段音系，也紧密相关（Meisel，2008；Paradis，2007）。在对双语儿童词汇和语法发展的研究中，虽然部分研究表明双语儿童和单语儿童确实存在差异（Meisel，2008），但是更多的研究却提供证据表明：早期双语儿童的二语词汇和语法习得与单语儿童的词汇和语法习得在发展路径和发展速率上是非常相似的（Dulay & Burt，1973，1974；Jia，2003；Krashen，1982；Paradis，2005，2007）。比如，Paradis（2005）探究了以多种少数族裔语言为第一语言，英语为第二语言的加拿大儿童的英语词汇发展，并发现：儿童二语习得者在接触第二语言的 12 个月内，就已获得了 12 个月量级的词汇发展。因此，从词汇累积的总速率看，早期双语儿童的二语

---

① 在本研究中所界定的"早期双语者"和 Paradis（2007）界定的"儿童二语习得者"是对等的概念范畴。具体说来，儿童二语习得者是指在已建立第一语言系统之后学习其他语言的儿童，且主要在家里说第一语言，学校说第二语言。

习得和一语习得是一致的。另外，Jia（2003）的研究发现：汉语（L1）—英语（L2）早期双语儿童掌握英语复数"-s"的使用所需的平均时间和英语单语儿童所需的平均时间是等同的。关于习得路径的研究，Dulay & Burt（1973，1974）和 Krashen（1982）发现：在早期双语儿童的二语——英语发展中，对于进行体"-ing"和复数"-s"的习得要早于对于过去时"-ed"和第三人称单数"-s"的习得，这一习得顺序和英语单语儿童的一语发展是一致的。与此相反的是，早期双语儿童的二语语音习得却无法和年龄对等的单语儿童相媲美（Baker & Trofimovich, 2005; Trofimovich & Baker, 2007; Tsukada et al., 2004）。比如，Sukada, Birdsong, Mack, Sun, Bialystock & Flege（2004）探究了韩语（L1）—英语（L2）早期双语儿童（二语习得年龄约为 8 岁）对英语的词末尾清塞音的习得。他们的研究通过将双语儿童的第二语言（英语）产出和年龄对等的英语单语儿童的产出进行比较，发现早期双语儿童有别于单语母语者[①]。本研究关注的是早期双语儿童的二语韵律发展，特别是对使用韵律来编码信息结构——焦点的习得。

近年来，学界对单语儿童是如何习得和单语成人一样使用韵律来编码焦点（Prosodic focus-marking）的问题关注度很高。比如：Chen（2011）对荷兰语儿童的研究；Yang & Chen（2017）对汉语儿童的研究；Romøren（2016）对瑞典语和荷兰语儿童的研究；Yang（2017）对汉语儿童的研究；Arnhold, Chen & Järvikivi（2016）对芬兰语儿童的研究；Müller, Höhle, Schmitz & Weissenborn（2006）、Grünloh,

---

① 虽然对早期双语儿童语言发展的研究常常将年龄对等的单语者和双语者进行比较，但是这样的比较是值得商榷的，因为单语者和双语者在某一语言上得到的输入是不对等的（De Houwer, Bornstein & Putnick, 2014; Oller, Pearson & Cobo-Lewis, 2007）。

Lieven & Tomasello（2015）对德语儿童的研究；Grigos & Patel（2010）对英语儿童的研究等。然而，在双语语境下对韵律焦点的研究却主要聚焦于成年双语者的能力，而非语言发展本身（Barnes & Michnowicz, 2015；Bullock, 2009；Colantoni, 2011；Colantoni & Gurlekian, 2004；Grosser, 1997；Gut & Pillai, 2014；O'Rourke, 2005, 2012；Swerts & Zerbian, 2010；Van Rijswijk & Muntendam, 2012；Van Rijswijk, Muntendam & Dijkstra, 2017；Zerbian, 2013）。因而，人们对于早期双语儿童是如何习得二语韵律焦点这一问题的了解仍然非常有限。更确切地说，早期双语儿童的二语习得是否拥有和单语儿童语言发展相同的发展路径和速率？双语儿童的第一语言和二语输入如何塑造双语儿童的韵律焦点习得？这些问题都有待探索。为了探究上述问题，本研究关注白（L1）—汉（L2）早期双语儿童的汉语韵律焦点（prosodic focus-marking）习得的发展路径（developmental trajectory）和最终习得状态（ultimate attainment）。

白语，系汉藏语系白语支，声调语言，主要为生活在中国西南的云南省大理白族自治州的白族所使用①。汉语，系汉藏语系汉语族，声调语言，在中国广大的区域为汉族所使用。标准汉语，也被称为普通话（Putonghua），是中华人民共和国的国家通用语言，也是汉语的标准变体。标准汉语"在科学和技术领域被广泛地使用，因而在中国拥有作为国家共同语的合法地位"，是整个国家最有权势的语言（Li, 2015：191）。标准汉语是白汉早期双语儿童第二语言习得的目标语言。白汉早期双语儿童在中国云南省大理白族自治州长

---

① 白语的系属问题一直都在争议之中（Hefright, 2011；F. Wang, 2004；赵衍孙、徐琳, 1996）。但是，关于白语的系属问题并不在本研究的研究范围之内，本研究根据 WALS Online（Dryer & Haspelmath, 2013）来界定白语和汉语的系属。

大,大理方言(Dali Mandarin)作为一种汉语的地域变体,同样在该地区和白语、标准汉语一同被广泛地使用。大理方言主要为大理地区的汉族所使用,尤其是在大理下关城区。大理方言的音系和标准汉语很相似(李琳,2009;吴积才、张弗,1988)。所有的白语者都是双语者,他们都能说大理方言和/或标准汉语(L2)。然而,有很多生活在大理下关城区的大理方言母语者对于白语却是不大了解的。尽管中国是从20世纪50年代起才开始全国范围内推广普通话,但是在大理地区白语和汉语之间深入的语言接触却在更早的年代就已经开始了。本文从此处开始,用"标准汉语"来指代"普通话"。

白汉双语者成长在一个双语环境中。具体说来,白语主要是在家庭中用于家庭成员之间的交流;标准汉语主要在学校中用于教育目的,且人们通过大众媒体可以被动地获得标准汉语输入;大理方言主要为生活在这个双语环境中的汉族所使用,作为一种环境中可及的语言/语言变体。针对大理地区的语言环境更为细致的描述请查看本章第四部分。虽然学界对于标准汉语中使用韵律来编码焦点的方式已经有了一些深入的研究(Xu,1999;Yang,2017),但是对白语和大理方言中韵律焦点编码方式的研究却仍然一片空白。

为了将本研究放置于恰当的研究背景中,笔者将从焦点的概念、编码焦点的语言手段、亚洲声调语言中韵律焦点的实现和标准汉语的韵律焦点编码这几个方面来梳理韵律焦点编码的相关研究。在本章第三部分中,笔者回顾了前人对双语者韵律焦点习得的研究。在本章第四部分中,笔者介绍了白汉早期双语者的白语(L1)和汉语(L2)[①]语言输入的特点(尤其是韵律方面)及其所处的社会语言环

[①] 这里的"汉语"包括类标准汉语及大理方言。

境。在本章第五部分中，笔者提出本研究的研究问题和研究假设。最后，本研究的基本框架在本章第六部分进行一一展示。

二　韵律焦点编码

(一) 信息结构和焦点

"焦点"这一概念是"信息结构"中的基本元素。"信息结构（information structure）"，也被称为"信息编码"（information packaging）、"交际/心理发音（communicative dimension/psychological articulation）"，是指"为了满足特定语境或语篇的交际需要而使用句法、韵律或词法手段对句子进行编码"（Vallduví & Engdahl，1996：460）。信息结构对于言语交际的重要性是众所周知的（Chafe，1976）。在众多关于信息结构的理论研究中，对于一系列相关概念的界定存在着从细微到巨大的差异（Krifka，2008；Lambrecht，1994；Vallduví & Engdahl，1996）。因而，在本研究中，笔者依据的是 Vallduví & Engdahl（1996）对于信息结构研究所提出的理论框架，并依此界定"信息结构"和"焦点"的概念和范畴。

信息结构在前人研究中被认为是两分的二元结构，比如焦点—背景（Jackendoff，1972），主位—述位（Halliday，1967b；Halliday，Matthiessen & Matthiessen，2004），话题—评论（Gundel，1988；Hockett，1958），新—旧（Clark，Haviland & Freedle，1977）以及焦点—话题（Sgall，Hajicová & Panevová，1986）等二元结构。对于两分的"话题—评论"和"焦点—背景"二元结构框架的示例请分别参见例（1a）和（1b）：

(1) 说话人 A：约翰怎么样？他干嘛呢？

说话人 B：约翰喝**啤酒**。

第一章 引言

  a.［T 约翰］［C 喝啤酒］（话题 Topic—评论 Comment）
  b.［G 约翰］［F 喝啤酒］（背景 Ground—焦点 Focus）
    （此例摘自 Vallduví & Engdahl，1996：467）

  在例（1）中，说话人 A 问："约翰怎么样？他干嘛呢？"，说话人 B 答："约翰喝啤酒。"如在例（1a）中的展示，"约翰"是此句的"参考框架（reference frame）"。因此，"约翰"是这句话的"话题（Topic）"，引导前文所提及的语境。而"喝啤酒"给听者的认知状态做出了一个新的贡献，用"话题 Topic—评论 Comment"二元结构来分析，是一个"评论 Comment"（Vallduví & Engdahl，1996：465）。采用"焦点 Focus—背景 Ground"二元结构来分析例（1b），"约翰"提供的信息是无用的、已知的，或者是可以预期的部分，可以被划分为"背景 Ground"；"喝啤酒"提供的信息是有用的、新的、支配性的，或者是反预期的部分，可以被划分为"焦点 Focus"（Vallduví & Engdahl，1996：462）。无论是采取"话题—评论"二元论还是采取"背景—焦点"二元论对于例（1）中的句子"约翰喝啤酒"的划分，结果都是一致的。对于这样的情况，无论是"话题—评论"二元论还是"背景—焦点"二元论都足以把控句子所表达的信息结构。

  然而，二元论在另外一些情况中，却无法区分出信息结构编码的差异（Vallduví & Engdahl，1996：467）。比如，无论是"话题—评论"二元论还是"背景—焦点"二元论都无法区分出例（2）中所展示出的信息结构编码的差异。

  （2）说话人 A：约翰怎么样？他喝什么？
    说话人 B：约翰喝**啤酒**。
    a.［T 约翰］［C 喝**啤酒**］

b. ［G 约翰喝］［F 啤酒］

（此例摘自 Vallduví & Engdahl, 1996: 469）

在例（2）中，说话人 B 的回答："约翰喝啤酒"如果用"话题—评论"二元论来分析的话，就是（2a），等同于前例中的（1a）。如在例（1a）中展示的一样，"约翰"是此句的"参考框架"。因此，"约翰"是这个句子的话题，引导前文所提及的语境。另外，"喝啤酒"是给听者的认知状态做出新贡献的成分，如果用"话题 Topic—评论 Comment"二元论来分析的话，就是"评论"成分。然而，如果用例（2b）里的"焦点 Focus—背景 Ground"二元论来分析的话，"约翰喝"提供的信息是无用的、已知的，或者是可以预期的部分，因此可以被分析为"背景 Ground"；"啤酒"提供的信息是有用的、新的、支配性的，或者是反预期的部分，因此可以被划分为"焦点 Focus"（Vallduví & Engdahl, 1996: 462）。这样的分析，存在一个问题：那就是对于"喝"的划分。因为"喝"其实在前文的问题中已经提及了，那么对于两位说话者而言，"喝"都已经不再提供新信息了。因此，采用"话题—评论"二元论把"喝"和"啤酒"一起视为是贡献新信息成分的做法是有待商榷的。

基于二元论的理论局限，Vallduví（1990）提出了一套新的、将所有二元论的基本概念融合为一体的三元论：首先，将句子划分为焦点和背景（与"背景—焦点"二元论类似）；然后，将"背景"进一步划分为"链接（Link）"和"尾端（Tail）"。在此三元论框架中，焦点（Focus）是指在话语发生时，一个句子中唯一给听者的认知状态提供贡献的成分；链接（Link）是听者认知状态更新的位置所在，相当于"话题（Topic）"；尾端（Tail）是指非焦点成分所涵盖的非链接成分，指代的是听者认知状态更新是如何受到影响的。

第一章 引言

三元论的划分不仅适用于已有文献中可以采用二元论处理的情况，也适用于二元论无法处理好的情况。比如，采用三元论可以将例（1）和（2）重新分析为例（3）和（4）：

(3) 说话人 A：约翰怎么样？他干嘛呢？

说话人 B：[G [L 约翰]] [F 喝**啤酒**]。

(4) 说话人 A：约翰怎么样？他喝什么？

说话人 B：[G [L 约翰]] [F 喝**啤酒**]。

（此例摘自 Vallduví & Engdahl，1996：468）

在例（3）中，说话人 B 的回答是"约翰喝啤酒"，在说话人 B 的回答中，"喝啤酒"是话语发生时，句子中唯一给听者的认知状态提供贡献的成分，即"焦点（Focus）"；"约翰"是对听者认知状态更新的位置所在，相当于"话题（Topic）"，在三元论的理论框架下，可以被划分为"链接（Link）"；尾端（Tail）在此例中不存在，因此"背景 Ground"就只包含链接（Link）——"约翰"。在例（4）中，说话人 B 的回答仍是"约翰喝啤酒"，但是"啤酒"是话语发生时，句子中唯一给听者的认知状态提供贡献的成分，即"焦点（Focus）"；"约翰"是对听者认知状态更新的位置所在，相当于"话题（Topic）"，在三元论的理论框架下，可以被划分为"链接（Link）"；"背景 Ground"就包含链接（Link）——"约翰"和尾端（Tail）——"喝"。

本研究遵循 Vallduví & Engdahl（1996）的理论框架，并参考相关研究对"焦点"内涵的讨论（参见 Gundel, 1999; Lambrecht, 1994），从而将焦点界定为：焦点，是在一个句子中对于听者来说的新信息。焦点可以依据焦点辖域的大小和焦点成分的对比度分为不同的类型。比如，焦点的辖域可以仅覆盖一个词（窄焦点 narrow focus），或覆盖一个比词更大的句法成分，比如谓语或整个句子（宽焦点 broad focus）（Gussenhoven，2004）。焦点成分还能够传递对前文信息的更正或直接对比（对比焦点）（Chafe，1976）。笔者采用本研究中的实验材料将焦点的不同类型示例如例（5）至（9）：焦点成分标示为粗体，并置于方括号中。其中，例（5）是宽焦点（BF, broad focus），例（6）是句首窄焦点（NF-i, narrow focus on a sentence-initial constituent），例（7）是句中窄焦点（NF-m, narrow focus on a sentence-medial constituent），例（8）是句末窄焦点（NF-f, narrow focus on a sentence-final constituent），例（9）是句中对比焦点（CF-m, contrastive focus on a sentence-medial constituent）。

(5) 说话人 A：看！图片很模糊。我看不清楚。图片上画的是什么？

　　说话人 B：[**小熊扔球**]。

　　　　　　　　　　　　　　（宽焦点 BF: broad focus）

(6) 说话人 A：看！球，还有一只挥舞着的胳膊。看起来有小动物扔球。谁扔球？

　　说话人 B：[**小熊**] 扔球。

　　　　　　　　　（句首窄焦点 NF-i: narrow focus on the subject）

(7) 说话人 A：看！小狗和球。看起来小狗在弄球。小狗怎么弄球？

　　说话人 B：小狗 [**扔**] 球。

　　　　　　　　　　（句中窄焦点 NF-m: narrow focus on the verb）

(8) 说话人 A：看！小兔。小兔的胳膊挥出去了。看起来小兔扔东西。小兔扔什么？

　　说话人 B：小兔扔 [**球**]。

（句末窄焦点 NF-f：narrow focus on the object）

(9) 说话人 A：看！小猫和球。看起来小猫在弄球。我猜小猫剪球。

说话人 B：小猫 [**扔**] 球。

（句中对比焦点 CF-m：contrastive focus on the verb）

(二) 编码焦点的语言手段

焦点可以通过不同的语言手段进行编码，包括句法手段、词法手段和韵律手段（Chen，2012；Gussenhoven，2007）。就编码焦点的句法手段而言，很多语言都采用句法手段来编码窄焦点，通常表现为语序的变化。这样的焦点编码手段也被称为"位置焦点标记手段"。常见的方式是将焦点成分置于特定的句法位置，比如在沃洛夫语（Wolof）中，焦点成分紧邻动词，并置于动词之前；或者使用特定的句法结构来标记焦点，比如英语中的"it 分裂句（it cleft）"。另外，一些语言还使用焦点标记词来标记窄焦点，比如日语中的焦点标记词"ga"和苏丹语中的焦点标记词"wah"。就编码焦点的句法手段而言，常见的采用词法手段来编码焦点的方式是利用词缀变化，比如在沃洛夫语（Wolof）中的动词前缀变化和爱尔兰语中的动词后缀变化都可以用来标记焦点。

焦点辖域和对比度存在差异的不同焦点类型也可以通过语言手段得以实现（Gussenhoven，2007）。比如，在埃菲克语（Efik）中，表达对比焦点需要使用对比焦点标记词（De Jong，1980；Gussenhoven，1983），但是表达窄焦点时却不需要；在纳瓦荷语（Navajo）中，中立的否定结构"doo…da"用于标记窄焦点，而"hanii"用于标记对比焦点（Schauber，1978）。在标准汉语的朗读话语中，窄焦点和对比焦点的区别体现在焦点成分时长延长和调域扩展的程度不同（Chen & Gussenhoven, 2008; Ouyang & Kaiser, 2015）。

除了使用句法和词法手段编码焦点以外，采用韵律手段（包括语音手段和音系手段）来编码焦点的现象也广泛地存在于众多语言中（Chen, 2009; Jun & Lee, 1998; Romøren & Chen, 2015; Xu, 1999; Yang & Chen, 2017）。语音焦点编码手段指的是通过对韵律特征的连续性变化（比如音高和时长的连续性变化），且无音位性变化的手段来凸显韵律变化以标记焦点。比如，在标准汉语中，窄焦点主要是通过焦点成分的时长延长和调域扩展实现的；与此同时，窄焦点所辖音节的调位却并不受影响（Chen & Braun, 2006; Ouyang & Kaiser, 2015; Shih, 1988; Xu, 1999; Yang, 2017）。音系焦点编码手段指的是通过离散性变化来凸显韵律并标记焦点（Chen, 2009, 2012; Yang, 2017）。比如，在英语中，句中的焦点成分会被分配到一个音高重音（pitch accent），或者所有焦点后成分的音高重音都会被删除——也就是常说的对非焦点成分进行"降重音（de-accenting）"，这些韵律变化都会让焦点成分更凸显（Beckman, 1996; Beckman & Pierrehumbert, 1986）。在瑞典语中，一个标记显著成分的 H（高 high）调会被分配到焦点成分的末尾来标记焦点，这就会导致两个词层面的音高重音分别从 HL* 和 H*L 变成了 HL*H 和 H*LH。在孟加拉语中，窄焦点和宽焦点的区分是通过采用不同类型的音高重音来实现的（Gussenhoven, 2007）。在韩语中，焦点引领一个重音短语（accentual phrase, AP），并且倾向于（虽然不是所有情况下）将后接词语纳入到同一个重音短语中（Jun & Lee, 1998）。和一些主要依靠语音手段来编码韵律焦点的语言（比如标准汉语）不同的是，有些语言主要依靠音系手段来编码焦点，同时却也使用语音手段，比如英语和荷兰语。在荷兰语中，虽然同样的 H*L 音高重音都被分配到了句首的焦点和非焦点成分上，但是和非焦点成分相比，焦点成分的时长更长，音高最小值更低（Chen，2009）。

在不同语言中，用来编码焦点的不同语言手段之间并不互相排斥。比如，在雷凯蒂奥巴斯克语（Lekeitio Basque）中，焦点的编码综合了句法手段和韵律手段（Frota，2002；Gussenhoven，2007）；在爱尔兰语中，焦点的编码综合了词法手段和句法手段（Gussenhoven，2007）；在英语中，焦点的编码综合了句法手段和韵律手段。另外，有些语言并不使用韵律手段来标注焦点，比如安汶马来语（Maskikit-Essed & Gussenhoven，2016），北索托语①（Zerbian，2007），和尤卡坦玛雅语（Gussenhoven & Teeuw，2008；Kügler & Skopeteas，2007）。值得一提的是，焦点的编码可以通过区别于无标记的韵律变化（比如提高音高和延长时长）来实现。比如，Kügler & Genzel（2012）发现在加纳使用的契维语（尼日尔—刚果语族，克瓦语支，声调语言）中，焦点的编码是通过降低调域的韵律手段来实现的。类似的现象也在爱沙尼亚语中被发现（Asu & Nolan，2007）。

（三）亚洲声调语言中的韵律焦点

正如在本章第二部分的（二）中所回顾的，焦点在声调语言（比如：标准汉语、越南语和粤语）和非声调语言（比如：英语、荷兰语、德语、芬兰语和德昂语）中都存在韵律编码。鉴于本研究关注的是亚洲声调语言及其变体，更确切地说，是白语、标准汉语和大理方言，下文主要梳理的是针对亚洲声调语言韵律焦点编码实现研究的结论。

---

① 北索托语（Northern Sotho）是一种在南非使用的尼日尔—刚果语（Niger-Congo）。

在亚洲声调语言的研究中，排他性地使用语音手段来标注焦点的现象被广泛地观察到，比如在标准汉语（Chen & Gussenhoven, 2008; Xu, 1999; Yang, 2017）、越南语（Jannedy, 2007）、粤语（Bauer, Cheung, Cheung & Ng, 2001）和彝语（Wang, Wang & Qadir, 2011）中。然而，在这些语言中，对于具体的韵律参数（比如音高和时长）的使用却是具有语言特性的（language-specific）。一方面，在一些声调语言中，音高和时长都用于编码焦点，比如在标准汉语（Chen & Gussenhoven, 2008; Ouyang & Kaiser, 2015; Xu, 1999; Yang, 2017）和越南语（Jannedy, 2007, 2008）中。就越南语而言，越南语拥有较为复杂的声调系统，即六个声调，且声调的差异不仅在于音高的变化，还在于发声态的不同（Yip, 2002）。Jannedy（2007）的初步探索发现：在越南语中，焦点的编码在不改变语序的情况下可以通过音高和时长的变化来实现。Jannedy（2008）和 Michaud & Vu-Ngoc（2004）的研究同样发现，在越南语中音高和时长的变化被用来编码焦点。不过值得一提的是，Michaud & Vu-Ngoc（2004）的研究发现，在越南语中使用时长来编码韵律焦点的情况存在发音人的个体差异。另一方面，在一些声调语言中，只有时长被用于编码韵律焦点，比如在粤语（Bauer et al., 2001; Wu & Xu, 2010）、彝语（Wang et al., 2011）和回辉话（Wang et al., 2012）中。就粤语而言，粤语有四个平调（55调/T1、33调/T3、21调/T4、22调/T6）和两个曲折调（25调/T2、23调/T5）[①]。Bauer, K. Cheung, P. Cheung & Ng（2001）研究了粤语中焦点成分是平调时的声学表现。他们发现，在粤语中，时长是韵律焦点实现最重要的声学参数。

[①] 在本研究中，对于调值的标注（括号内斜线前的标注）使用的是五度标调法，即：1表示的是最低的相对音高，5表示的是最高的相对音高。比如：T1在这里表示为55调/T1。

与此同时，音高的作用却是微乎其微的。Wu & Xu（2010）将对粤语韵律焦点编码的考察范围扩展到了所有的粤语声调中，并发现韵律焦点的声学表现主要集中在四个声学参数上，即平均音高（mean pitch）、音域（pitch span）、时长（duration）和音强（intensity）。他们的研究结论和 Bauer et al.（2001）基本一致。Bauer et al.（2001）发现，在粤语中韵律焦点编码最主要的声学参数还是时长和音强。更确切地说，Bauer et al.（2001）的结果表明在所有被考察的情况中，焦点成分的时长要比焦点前和焦点后成分要长很多。与之相反的是，平均音高的变化在编码焦点方面并不起任何显著的作用。研究者们总结道：粤语说话人似乎并不将音高变化作为一种编码焦点的方式，尤其是在平调（第1、3、4和6声）中。但是，粤语说话人在曲折调（第2声和第5声）中可能将音域变化作为一种编码焦点的方式。然而，研究者们认为变化音域的方式似乎只不过是延长时长的一个伴随效应而已。他们的实验数据显示粤语说话人并不因为编码焦点的需求而去变化声调的音高，而是在非焦点的条件下保证声调音高的相对不变。这些实验结果和 Man（2002）以及 Gu & Lee（2007）研究结论基本一致，即在粤语中，焦点对声调几乎没有任何影响。对于彝语——拥有四个声调的一种藏缅声调语言——的研究同样表明：在编码焦点时音高的变化是不显著的（Wang et al., 2001）。

以上梳理可以表明：不同语言在编码韵律焦点时所使用的韵律特征存在差异，并且这些差异和特定语言中声调数量的多少之间不存在任何关系。更具体地说，彝语和标准汉语在声调数量上来说是一致的（即：都拥有四个声调），然而标准汉语区别于彝语的地方在于：两种语言使用音高和时长变化来编码焦点的具体方式不同。如同前文所提及的，与汉语处在深入且密切的语言接触中的彝语（具体指的是在中国境内、云南省彝族所使用的彝语）和回辉话（具体指的是在中国境内、海南省三亚回辉人所使用的回辉话），在韵律焦点编码方式上区别于标准汉语，即：在彝语和回辉话中，只有时长被用来编码韵律焦点（Wang et al.，2012，2011）。对于台湾闽南语的研究（Chen，Wang & Xu，2009；Xu，Chen & Wang，2012）同样得出了相似的结论：虽然台湾闽南语和汉语的接触已经超过了六十年，但是台湾闽南语在韵律焦点编码的方式上却并未受到汉语的影响[①]。

  然而，当前对于亚洲声调语言韵律焦点编码方式的考察在方法论上却存在一些值得商榷的地方，这在某种程度上也限制了已有研究结果的可概化性。首先，已有研究大多采用大声朗读法（read-aloud task）来收集在不同焦点条件下的句子产出（Wang et al.，2012，2011；Wu & Xu，2010；Xu，1999）。比如，在对回辉话和彝语的研究中用的就是一个简单的大声朗读法。在 Wang et al.（2011）对于回辉话的研究中，目标句"不是爸爸。妈妈叫妹妹去外面买一些 areca catechu"[②] 中"妈妈"是焦点成分。"妈妈"被高亮出来方便发音人朗读。一位回辉话母语者在录音中为发音人提供帮助。当负责提供帮助的回辉话母语者发现发音人的语误或者是其认为发音人的语调不适宜的时候，会请发音人重新朗读一遍目标句。对于没有文字系统的语言（比如彝语），在针对其考察的大声朗读任务中，发音

  [①] 值得一提的是：已有对非亚洲声调语言的研究揭示出权威语言对非权威语言在韵律焦点编码方式上的影响（Bullock，2009），这一研究结果和词汇、音段音系领域的研究结果一致（戴庆夏 & 李绍尼，1992；Thomason，2001；Weinreich，1974）。

  [②] 在 Wang et al.（2011）中原文是："It is not Daddy. Mom asked the younger sister to go out and buy some areca catechu"。

人会被要求记住句子，然后产出。因此，极有可能出现的情况是：采用大声朗读法所收集的产出是被严格控制的，而这样的产出在日常交流中极为罕见。已有研究表明，在朗读语音和（半）自然产出语音中的韵律焦点实现方式是有区别的（Bard & Aylett, 1999；Chen & Gussenhoven, 2008；De Ruiter, 2010；O'Brien & Gut, 2010；Xu, 1999；Yang, 2017）。比如，Chen & Gussenhoven（2008）发现在标准汉语的朗读音中，音高和时长都被用于区分对比焦点和窄焦点。然而，Yang（2017）发现在标准汉语的自然产出中，无论是音高还是时长都未用于同一目的。第二，已用研究所使用的发音人数量相对较少，且所收集的样本量也偏低。比如，Jannedy（2007）对于越南语的研究中，只对两位发音人在每一个焦点条件和句型下产出的三个样本进行了观察。在 Wang et al.（2012）对于回辉话的研究中，也只有两个目标句被重复了三次。第三，已有研究多关注对不同焦点类型、焦点后成分的韵律编码中，不同语言对音高和时长使用的差异（Shen & Xu, 2016；Xu et al., 2012）。在已有研究的分析中，窄焦点条件下的焦点、焦点后和焦点前成分通常与其相对应于宽焦点条件下的各成分进行比较。还有待考察的是：窄焦点和非焦点（焦点后和焦点前）相比、窄焦点和对比焦点相比，音高和时长是如何被用来编码焦点的。第四，已有研究较少地将所考察的目标语言的所有声调纳入到实验设计当中。比如，在对台湾闽南语的考察中，只有一个声调（即：第 1 声，高平调）被纳入到实验设计中（Xu et al., 2012）。这样的处理必然引起的问题是：韵律焦点编码的方式是否会因为声调的不同而不同？

（四）标准汉语中的韵律焦点编码

鉴于标准汉语在本研究中的重要性，在这一部分中，笔者对已有针对标准汉语中韵律编码方式的考察进行更为细致的梳理。正如笔者在本章第一部分中提到的,标准汉语,也被称为普通话(Putonghua),是汉语的标准变体,也是中华人民共和国的国家通用语言。标准汉语变体的语音系统基于北京话的语音系统,北京话是在北京使用的一种汉语地域变体。除了北京话以外,在中国的不同地区都有和众多标准汉语类似的汉语地域变体(比如:大理方言)。正如 Li(2015)所论述的:

> 在中国的语言生活中,普通话(Putonghua)是最有权势的方言(普通话从社会语言学的角度看,可以被视为一种方言)。在全国范围之内,汉族是中国的核心民族,而为汉族使用的汉语,被广泛地使用在包括科学、技术等各个领域之中。因而,汉语在中国享有了"国家通用语"的法制地位,也是中国最有权势的语言(Li,2015:191)。

标准汉语是一种具有四个声调的声调语言。标准汉语的声调系统请见表 1-1。使用赵元任先生的五度标调法(Chao,1930,1968)——"5"标示相对音高最高值,"1"标示相对音高最低值,标准汉语中的第 1 声(Tone 1)、第 2 声(Tone 2)、第 3 声(Tone 3)、第 4 声(Tone 4)分别被记为/55/、/35/、/214/和/51/。第 1 声(Tone 1)是高平调。第 2 声(Tone 2)是中升调。第 3 声(Tone 3)在独立产出或者位于词尾位置时是低降升调,可以被记为/214/;当位于第 1、2 和 4 声之前,第 3 声(Tone 3)只实现为低降调,可以被记为/21/。在连读变调(Tone sandhi)①的作用下,两个第 3 声相连时,

---

① 连读变调(Tone sandhi)指在特定韵律或者句法环境的影响下产生的声调的形态变化,通常表现为声调替换或声调叠置(Zhang,2010,2014:443)。

前者变为/35/（Chao，1968；Wang & Li，1967）。第4声是高降调，也称全降调。就时长而言，已有研究发现第3声是最长的，第4声是最短的，而第1声和第2声的时长中等（Xu，1997）。

表1–1　　标准汉语的声调系统（摘自 Lin，2007：89）

调类	调型	调值	例子		
			IPA	英文	中文
Tone 1	高平	55	/ma/	mother	妈
Tone 2	中升	35	/ma/	hemp	麻
Tone 3	低降（–升）	21（–4）	/ma/	horse	马
Tone 4	高降	51	/ma/	to scold	骂

在标准汉语中，焦点通过时长和音高的变化来进行韵律编码（Chen，2010；Chen & Gussenhoven，2008；Ouyang & Kaiser，2015；Xu，1999；Yang，2017；Yang & Chen，2014）。具体说来，就窄焦点的韵律编码而言，与焦点成分对应的非焦点成分相比，焦点成分的音域扩展、时长延长（Yang & Chen，2014）。并且，同一焦点成分在窄焦点条件下与其在宽焦点条件下相比，焦点后成分音域压缩（Xu，1999）。就焦点域存在差异的不同焦点类型的韵律编码而言，朗读音中韵律编码的方式区别于半自然语流中韵律编码的方式。在朗读音中，同一焦点成分在窄焦点条件下与其在宽焦点条件下相比，焦点成分音域扩展、时长延长（Xu，1999）。然而，在半自然语流中，同一焦点成分在窄焦点条件下与其在宽焦点条件下相比，只有时长延长，而音域并未发生任何变化（Yang，2017；Yang & Chen，2014）。就对比度存在差异的不同焦点类型的韵律编码而言，在朗读音中，同一焦点成分在对比焦点条件下与其在非对比焦点条件下相比，对比焦点成分的音域扩展、时长延长（Chen & Gussenhoven，2008）然而，在半自然语流中，同一焦点成分在对比焦点条件下与其在非

对比焦点条件（即：窄焦点条件）下相比，对比焦点成分的时长和音域均未发生任何变化（Yang，2017；Yang & Chen，2017）。

已有研究发现，众多的汉语方言使用音高和时长来编码焦点的方式和标准汉语类似，比如南昌话（赣方言）（Wang et al.，2011）、兰州话（Shen & Xu，2016）、济南话、聊城话、淄博话（段文君，贾媛 & 冉启斌，2013）、大连话、哈尔滨话、天津话和西安话（Duan & Jia，2014）。具体说来，在上述汉语方言中，与焦点成分对应的非焦点成分相比，发音人通过提高焦点成分的平均音高或者扩展焦点成分的音域来实现韵律编码。另外，在这些方言中，焦点后成分的音域压缩也较为一致。不过，这些方言在韵律焦点编码方式上，对于时长的使用也存在一些差异。比如，在兰银话（在兰州使用的一种汉语地域变体）中，焦点成分的时长变化只在句中位置才能被观察到（Shen & Xu，2016）。段文君等（2013）发现在济南、聊城和淄博所说的汉语方言中，与焦点成分对应的非焦点成分相比，焦点成分的音节时长并无任何可察觉的差异。另外，Duan & Jia（2014）针对大连话、哈尔滨话、济南话、天津话和西安话的研究也发现：与焦点成分对应的非焦点成分相比，焦点成分的音节时长并不存在系统性的差异。尽管各汉语方言在使用时长来编码焦点的方式上存在差异，但是在各汉语方言和标准汉语中均可明确的一点是——音高担任着主要的编码焦点的作用。

然而，研究发现一些毗邻其他语言的汉语变体所采用的韵律编码方式和标准汉语存在差异。比如，Xu et al.（2012）考察了台湾普通话的韵律焦点编码方式，并将台湾普通话和标准汉语、台湾闽南语进行比较。台湾普通话，主要使用于台湾，和台湾闽南话处于紧密的语言接触中已有数十年（Chen et al.，2009）。他们的研究表明，就韵律焦点编码方式而言，比起标准汉语来说，台湾普通话与台湾闽南语更接近。具体来说，台湾普通话单语者和标准汉语、台湾闽南语说话人类似，不仅通过扩展焦点成分（和与之对应的非焦点成分相比）的音域，而且通过延长焦点成分（和与之对应的非焦点成分相比）的时长来编码韵律焦点。但是，无论是台湾普通话说话人还是台湾闽南语说话人，均不通过压缩焦点后成分的音域来编码焦点。然而，众所周知，通过压缩焦点后成分的音域来编码焦点的方式是广泛存在于标准汉语的产出中的。Xu et al.（2012）认为，台湾普通话和标准汉语在韵律焦点编码方式上的差异可以归因于台湾普通话和台湾闽南语之间的密切接触。

三　双语者韵律焦点编码的习得

早期对于双语环境下韵律焦点编码的习得主要关注的是成人的语言能力（Barnes & Michnowicz, 2015; Bullock, 2009; Colantoni, 2011; Colantoni & Gurlekian, 2004; Grosser, 1997; Gut & Pillai, 2014; O'Rourke, 2005, 2012; Swerts & Zerbian, 2010; Van Rijswijk & Muntendam, 2012; Van Rijswijk et al., 2017; Zerbian, 2013）。已有研究发现在二语中采用韵律参数来进行焦点编码对于晚期双语者而言，是较难习得的（Backman, 1979; Chen, 2014; Gut & Pillai, 2014; He, Hanssen, van Heuven & Gussenhoven, 2011; Kelm, 1987; McGory, 1997; Nava & Zubizarreta, 2008, 2009; Rasier & Hiligsmann, 2007, 2009; Swerts & Zerbian, 2010; Turco, Dimroth & Braun, 2015; Ueyama & Jun, 1996; Zubizarreta & Nava, 2011）。一方面，晚期双语者的一语和二语之间在韵律系统上的差异会对他们二语中的韵律焦点习得产生母语负迁移效应（Backman, 1979; Gut & Pillai, 2014; Kelm, 1987;

Nava & Zubizarreta, 2008, 2009, Rasier & Hiligsmann, 2007, 2009; Swerts & Zerbian, 2010; Turco et al., 2015; Ueyama & Jun, 1996; Zubizarreta & Nava, 2011）。另一方面，学习者一语和二语中韵律焦点编码方式的相似性并不一定能保证学习者受到母语正迁移的影响，并从而有助于学习者成功地习得第二语言韵律焦点编码的方式（Chen, 2014; He et al., 2011; McGory, 1997）。虽然研究者们在晚期二语习得者中广泛地观察到习得韵律焦点编码的困难，但是已有研究却发现同时型双语者（即：从出生起就同时在两种语言中长大的双语者）在他们所操的两种语言中都能成功地运用韵律参数来编码焦点（Wu & Chung, 2011），而移民型双语者（即：在家中所使用的语言是非权威语言，而说话人本身说或者是仅仅能够听懂家里所说的非权威语言，在某种程度是权威语言和家用非权威语言的双语者）也能成功地在他们的二语中（L2）运用韵律参数来编码焦点（Chen, 2014; Hoot, 2012）。同时型双语者和移民型双语者在韵律焦点编码上的成功被认为是早期目标语言输入所带来的积极影响的结果（Chen, 2014; Wu & Chung, 2011）。

只有为数不多的研究关注早期双语者的韵律焦点编码习得，并且得出了不同的结论。比如，Huang & Jun（2011）发现中国英语学习者（语言习得年龄从五岁到十七岁之间）在他们的二语中采用放置句重音的方式来标记焦点——这一表现和英语母语者非常类似。Chen（2014）和 Chen, Guion-Anderson & Xu（2012; 2014）也发现：接受过更多普通话输入和强化训练的、年轻的泉州闽南语—汉语双语者采用压缩焦点后成分音域的方式来编码焦点，和标准汉语母语者所采取的方式一致。但是，一些其他的研究却发现早期双语者对于韵律焦点编码的习得却不是那么成功。比如，Wang et al.

(2012)发现回辉话—汉语早期双语者并没有像汉语母语者那样,在他们的汉语中通过改变音高的方式来编码焦点,尽管他们和泉州闽南语—汉语双语者一样——都生活在标准汉语主导的环境中。另外,Gut & Pillai(2014)发现马来语—英语双语者在他们的英语中只通过变化时长来编码焦点,和英语单语者的表现并不一致。这些不一致的研究结论可能是不同研究中所考察的早期双语者在二语输入和二语使用上的差异导致的。比如,Gut & Pillai(2014)认为他们所研究的马来语—英语早期双语者在其第二语言——英语中并未像英语母语者那样进行韵律焦点的编码是因为二语输入。具体说来,这些马来语—英语双语者几乎没有和美式英语或者英式英语母语者接触的机会,双语者的英语输入主要来源于马来西亚人。与之相类似的是,Chen et al.(2014)认为泉州闽南语—汉语早期年长的双语者在韵律焦点编码习得上的不成功可以归因于缺少和北京话类似的语言输入,因为"老一辈双语者的老师的标准汉语水平恐怕是较低的。"然而,以上这些研究都并未对二语输入的来源方——学校老师或者是双语者所处环境中的非标准汉语方言变体说话人进行过仔细考察。已有研究早已发现二语输入的特征在早期双语者的二语习得中是非常重要的,比如对音段音系的习得(Flege,2009;Flege & Liu,2001;Piske,MacKay & Flege,2001)。总的来说,这些研究认为:早期二语接触、密集的二语使用、二语训练的质量和二语输入这些因素对于早期双语者是否能获得近似母语的二语能力起着至关重要的作用。已有研究发现早期双语者的一语对其二语的韵律焦点编码习得有重要影响。比如,Barnes & Michnowicz(2015)研究了威内托意大利语(L1)—西班牙语(L2)早期双语者在宽焦点陈述句中的句重音音峰分布(peak alignment)。他们发现,至少有一部分的学习者将其一语（威内托意大利语）中的韵律特征迁移到了二语（西班牙语）的韵律系统中。这一结果和韩语—英语早期双语者的二语元音习得研究（Baker & Trofimovich, 2005），韩语—英语早期双语者的二语词重音习得研究（Guion, 2005），加泰罗尼亚语—西班牙语早期双语者的音段感知研究（Sebastián-Gallés & Soto-Faraco, 1999）的结果是一致的。

另外，前人对于早期双语者二语韵律焦点编码的习得主要关注的还是成年说话者的产出。如在本章第一部分中所提及的，对早期双语儿童二语习得研究的核心问题在于探究早期双语儿童的二语习得是否和单语儿童的一语习得一致（Meisel, 2004；Paradis, 2007；Unsworth, 2005）。这一问题的答案似乎取决于特定研究所考察的语言模块（产出 vs. 理解）和语言领域（比如：词汇和句法）（Dulay & Burt, 1974；Jia, 2003；Meisel, 2008；Paradis, 2007；Tsukada et al., 2004；Unsworth, 2005）。关于早期双语儿童韵律焦点编码的习得是否和单语儿童的一语习得拥有一样的发展路径和发展速率仍然有待研究。

综上所述，有待探索的问题是：早期双语儿童如何习得其二语中的韵律焦点编码？早期双语儿童的二语习得是否和单语儿童的一语习得呈现出同样的发展路径和发展速率？早期双语儿童能否最终在其二语的韵律焦点编码习得中获得和母语者一样的能力？母语迁移和二语输入的特征（即：对于儿童来说可及的语言或语言变体）如何塑造早期双语儿童韵律焦点编码的习得和发展？本研究将通过考察白汉早期双语者二语（汉语）韵律焦点编码的习得来探索并回答以上问题。

四　白汉早期双语者的一语和二语

为了更好地定位本研究，笔者将在这一部分中对白汉早期双语者所处的社会语言环境和白汉双语儿童的一语——白语的语言特点（主要是韵律特点）和二语输入（即：类标准汉语和大理方言）分别进行介绍。

（一）白汉早期双语者

根据在此研究开展前的最新国家普查数据（大理白族自治州地方志编撰委员会办公室，2011），大理地区的居民主要是白族（68%）和汉族（26%）①。如在本章第一部分中所介绍的，白语是一种藏缅语族的声调语言，主要为白族所使用。标准汉语和大理方言（在大理地区使用的一种汉语地域变体）主要为汉族所使用。白语、标准汉语和大理方言在大理地区都被广泛地使用（邓瑶 & 何稳菊，2012；吴积才 & 张甹，1988）。所有的白语者都是操大理方言和/或将标准汉语作为第二语言的双语者。然而，却有几乎对白语一无所知的大理方言说话人生活在大理市的城区。一些白汉双语教育项目曾在白语中部方言地区——剑川镇被成功地推行过（张霞，2012）。但是据笔者所知，并没有任何白汉双语教育项目在白语南部方言地区——喜洲镇（即本研究的考察地）被广泛而深入地推广过。

最近，邓瑶、何稳菊（2012）在大理地区的一个白汉双语社区——喜洲镇进行了一项关于语言使用和语言态度的研究。他们调

---

① 在此国家普查中，当被调查对象称自己是白族时，他/她并不一定是白语说话人。

查了100名从13岁到59岁的白族，并且发现96%的白族在日常生活中使用白语和当地汉语方言（即：大理方言），其中60%的人可以说标准汉语。被调查的97%的白族人声称他们在家中与家庭成员之间使用白语，99%的白族人声称他们在村庄里和其他的白族同胞之间使用白语。另外，95%的白族人声称他们在村庄里和汉族同胞之间使用大理方言，98%的白族人声称他们在白语社区外和汉族同胞之间使用大理方言。然而，83%的白族人声称他们最喜欢的语言是标准汉语，且100%的白族人认为在白语、大理方言和标准汉语之中，标准汉语是最重要的语言[①]。邓瑶、何稳菊（2012）总结认为，白语、标准汉语和大理方言在功能上形成互补关系。特别是，标准汉语和大理方言主要用于正式场合和教育目的，而白语则主要用于非正式场合和日常交流。另外，他们的调查也显示出在此社区对这些语言的选择模式也较为稳定。鉴于在中国（包括大理地区），标准汉语和大理方言在社会、经济和政治方面的优势，它们和白语相比显得更权威。和邓瑶、何稳菊（2012）研究一致的是，笔者同样观察到在大理地区，白语主要在家庭环境中使用。具体说来，笔者在喜洲镇金圭寺村就语言使用进行了田野观察和就地访谈，而这一地点也正是本研究的考察地。通过田野观察和就地访谈，笔者可以确认的是：白语主要在家中使用，尤其是，在本社区中绝大多数的孩

[①] 这里存在一个不一致的地方：会说标准汉语的白族人占60%，而更偏好和更看重标准汉语的白族人分别占83%和100%。根据笔者在大理地区长期的生活经验和观察，笔者认为：这样的不一致主要是因为白族对于标准汉语的语言态度。比如，考虑到中国是自20世纪50年代才开始推广普通话的，一位在白语村庄里生活了大半辈子的、年龄为五六十岁的白语者，他也许并没有机会受到很多标准汉语的教育，标准汉语的水平也很低。因而，他对自己的标准汉语水平进行评估时，难免会显得比较保守，倾向于声称自己不会说标准汉语。但是，因为标准汉语在整个中国范围内对于社会流动和社会生活的众多方面存在着必要性和巨大的影响力，白语者是十分可能表现出自己对于标准汉语的偏好，尽管他/她可能会声称自己并不会说标准汉语。

子是"留守儿童"①。在当前的大理农村地区，比如喜洲镇金圭寺村，较为普遍的现象是，年轻人（包括年轻的父母）离开他们的村庄到大理市区或者其他城市务工。因此，主要使用白语的年老者就待在家中照顾他们的孙辈。这一现象导致的结果是，白汉双语儿童在家庭环境里和抚养者之间主要使用的是白语，在学校和老师之间主要使用的是标准汉语。这样的双语环境是白汉双语儿童的成长环境，而在这一环境周围还存在着汉族所使用的大理方言。

（二）白汉早期双语者的一语（L1）：白语

白语，一种藏缅语族的声调语言，主要为生活在中国西南、人口超过一百万的白族所使用。白语主要有三个方言分区：白语中部方言，白语北部方言和白语南部方言（Allen，2004）。本研究选取白语南部方言作为考察对象，主要是由于白语南部方言和其他方言分支相比，在音段和词汇层面已有了较好的研究基础（Allen，2004；艾磊、苏玮雅 & 尹曼芬，1997；邓瑶 & 何稳菊，2012；何稳菊，2015；徐琳主编，2008；赵衍荪 & 徐琳，1996）。从此处开始，本研究将主要关注白语南部方言，并统一指称为白语。

白语共有八个声调，来自三个不同类别的调型：平调、升调和降调（Allen，2004；Allen et al.，1997；赵衍荪 & 徐琳，1996）。白语的声调系统请见表1-2。白语的声调是一个由音高、发声态和松紧各因素综合作用形成的复杂系统。但是，就白语南部方言而言，松紧并不是一个显著的特征（Allen，2004）。因此，在表1-2中，

---

① 在中国，留守儿童是指"父母双方或者一方在（因务工等原因）迁离外地时将孩子遗留在当地的现象。这一现象导致的结果是，很多儿童离开了他们的父母"（段成荣 & 周福林，2005）。

只采用五度标记法来标示白语的八个声调,而非用音高和松紧的结合来标示。采用赵元任先生的五度标记法(5 表示相对音高最高点,1 表示相对音高最低点),三个平调的调值分别记为/55/、/44/、/33/;升调记为/35/;四个降调的调值分别记为/42/、/32/、/21/、/31/。关于白语中连读变调的研究还较为空白。白语的基本语序是 SVO(徐琳主编,2008;赵燕珍,2009)。就笔者所知,学界对白语中焦点的韵律编码方式仍一无所知①。

表1-2 白语南部方言词语声调一览(摘自赵衍荪 & 徐琳,1996:486)

调类	调型	调值	例子		
			IPA	英文	中文
Tone 55	高平	55	/tçi/	plow (the first syllable)	犁头
Tone 44	半高平	44	/tçi/	leech	水蛭
Tone 33	中平	33	/tçi/	pull	拉
Tone 42	高降	42	/tçi/	nephew	侄
Tone 21	低降	21	/tçi/	flag	旗子
Tone 32	中降	32	/tçi/	leak	渗出
Tone 31	中降	31	/tçi/	field	田
Tone 35	中升	35	/tçi/	positive (the first syllable)	积极

(三)白汉早期双语者的二语输入:类标准汉语和大理方言

白汉早期双语者在中国西南一个相对欠发达的地区生活并成长。尽管他们和汉语单语儿童一样,也可以通过大众媒体接触到标准汉语。但是,白汉早期双语儿童所接触到的标准和非标准汉语输入和汉语单语儿童相比,仍然是存在差异的。为了更好地理解白汉早期

---

① 本书英文版出版于2017年,2020年《民族语文》第6期发表了刘璐、王蓓和李雪巧撰写的《白语焦点和边界的韵律编码方式》,此文采用实验语音学的方法考察了大理白语中焦点和边界的韵律编码方式。

双语儿童的汉语输入，笔者在表1-3中展示出大理地区二语输入的概况。

表1-3　　　　大理地区白汉早期双语者二语输入情况一览

输入	语境		方式		年龄	
	非正式	正式	直接①	间接	<6	>6②
标准汉语	+	-	-	+	+	+
大理方言	+	-	+	-	+	+
类标准汉语③	-	+	+	-	-	+

如表1-3所示，白汉早期双语儿童在不同的年龄段和语境中，所能获取到的是标准或非标准的汉语变体。具体说来，他们在六岁之前和六岁之后的非正式场合通过大众媒体（比如广播、电视和互联网），以非直接的方式获得标准汉语输入。他们也在六岁之前和六岁之后的非正式场合（比如集市、街道）通过面对面地与（近乎）大理方言单语者交流④，以直接的方式获得大理方言的输入⑤。另外，白汉双语儿童自六岁开始，在正式场合（比如学校）通过学校老师（同样也是白汉早期双语者）产出的类标准汉语，以频繁、直接的方式获得类标准汉语的输入。对于在北京长大的汉语单语儿童来

---

① 这里，"直接"输入定义为是在日常交际中存在面对面交流、语言输入的情况。
② 本研究将六岁设为临界年龄，是因为对于白汉早期双语者而言，六岁是其接受标准汉语教育的年龄。
③ 这里，"类标准汉语"指由本身是白汉双语者的学校老师所产出的汉语。
④ 严格来说，大理地区不存在大理方言的单语者。因为在中国，几乎所有的大理方言说话人都能说标准汉语。本研究使用术语"（近乎）大理方言单语者"所指代的说话人需满足以下几个条件：(1) 从出生起就习得大理方言作为第一语言；(2) 日常性地使用大理方言，且自我估计的日常使用超过60%；(3) 从测试时点往前推的十年内并未在大理方言使用区以外的地区长期生活过；(4) 无长期性、日常性地使用其他语言的情况。
⑤ 在大理地区，大理方言被广泛地使用。但是，根据Pearson, Fernandez, Lewedeg & Oller (1997) 的研究，如一种语言的输入低于20%时，并不会导致对这一语言的活跃使用。根据这一标准，对于一个小于六岁的白汉双语儿童而言，大理方言的（估计）输入要低于20%，这一输入程度并不足以将其视为是白语和大理方言的同时型双语儿童。

说（Yang，2017），他们在六岁之前和之后，在正式和非正式场合都能以直接或间接的方式获得标准汉语的输入。然而，对于白汉早期双语儿童而言，他们无论是在正式还是非正式场合，只能从大理方言说话人或者类标准汉语说话人那里，以直接的方式获得汉语输入。

大理方言的音系，包括辅音、元音和声调都和标准汉语类似（李琳，2009；吴积才 & 张甹，1988）。大理方言有四个声调，包括一个高平调（Tone 44），一个中降调（Tone 31），一个高降调（Tone 53）和一个低降升调（Tone 213）。大理方言的声调系统和标准汉语类似（李琳，2009；吴积才 & 张甹，1988），具体请见表1-4。具体说来，大理方言中的 Tone 44 对应标准汉语里的 Tone 1（调值为55）；大理方言中的 Tone 31 对应标准汉语里的 Tone 2（调值为35）；大理方言中的 Tone 53 对应标准汉语里的 Tone 3（调值为214）；以及大理方言中的 Tone 213 对应标准汉语里的 Tone 4（调值为51）；据笔者所知，关于大理方言中焦点是否通过韵律进行编码，以及具体的韵律编码方式的研究还是一片空白。与之类似的是，关于白汉双语成人（比如当地社区的学校教师）所产出的类标准汉语的声调和韵律焦点编码的研究也是一片空白。

表1-4　　大理方言和标准汉语的词语声调对应关系[①]

语言变体	调类	调型	调值	例子		
				IPA	英文	中文
标准汉语	Tone 1	高平	55	/ma/	mother	妈
大理方言		高平	44			

[①] 标准汉语声调的调型、调值和声调例字均摘自 Lin（2007：89），而大理方言声调的调型、调值和声调例字均摘自吴积才、张甹（1988）。

续表

语言变体	调类	调型	调值	例子 IPA	例子 英文	例子 中文
标准汉语	Tone 2	高升	35	/ma/	hemp	麻
大理方言	Tone 2	中降	31	/ma/	hemp	麻
标准汉语	Tone 3	低降（-升）	21（-4）	/ma/	horse	马
大理方言	Tone 3	高降	53	/ma/	horse	马
标准汉语	Tone 4	高降	51	/ma/	to scold	骂
大理方言	Tone 4	低降升	213	/ma/	to scold	骂

五 研究问题和研究假设

（一）研究问题

本研究关注的核心问题是：早期双语儿童如何习得其二语中的韵律焦点编码？更确切地说，本研究的具体研究目标关注以下两个重点：（1）早期双语儿童的二语习得是否和单语儿童的一语习得呈现出同样的发展顺序和发展速率？（2）母语迁移和二语输入如何塑造早期双语儿童的韵律焦点习得？为了探索这两个重点，笔者在本研究的主体部分提出四个研究问题（分别在第二、三、四和五章中进行深入讨论）

研究问题1：在白语的焦点编码中，韵律所扮演的角色是什么？

研究问题2：（近乎）大理方言单语者如何使用韵律来编码焦点？

研究问题3：白汉早期双语儿童的汉语韵律焦点编码习得及其发展路径是怎样的？

研究问题4：白汉早期双语者二语的韵律焦点习得的最终状态（ultimate attainment）是怎样的？

为了回答这些具体的研究问题，笔者考察了不同群体的说话人所使用的不同语言或语言变体中，韵律是如何被用来编码窄焦点、焦点域和对比度存在差异的不同焦点类型的。具体说来，通过考察（近乎）白语单语者所产出的白语来回答研究问题1[①]。通过考察（近乎）大理方言单语者所产出的大理方言来回答研究问题2。通过考察白汉早期双语儿童所产出的汉语来回答研究问题3。通过考察白汉早期双语成人所产出的汉语来回答研究问题4。本研究对于研究问题3和研究问题4的回答、及与汉语单语儿童（Yang & Chen，2017）的比较能使我们了解单语儿童一语习得和早期双语儿童二语习得在发展路径和速率方面的共性和差异。通过对这些具体问题的回答，能进一步认识到母语迁移和二语输入对早期双语者二语韵律焦点编码习得的作用和影响。

（二）研究假设

就研究问题1而言，考虑到在声调语言中，对于使用音高和时长来编码焦点与特定语言所拥有的声调数量并不相关，并且当前的研究也缺乏一致性的证据能证明在语言接触中，权威语言会对非权威语言的韵律焦点编码产生影响（Wang et al.，2011，2012；Xu et al.，2012），笔者假设在白语（非权威语言）中通过使用时长和音高进行韵律焦点编码的方式和标准汉语（权威语言）并不一致（研究假设1a）。对于（近乎）白语单语者的研究预测是：相对于非焦点成分，白语单语者只通过延长焦点成分的时长来编码窄焦点，他们并不通过改变时长和音高来区分焦点域和对比度存在差异的不同

[①] 和（近乎）大理方言单语者的情况类似，严格来说，并不存在白语的单语者，因为在中国，几乎所有的白语说话人都能说标准汉语或大理方言。本研究使用术语"（近乎）白语单语者"所指代的说话人需满足以下几个条件：（1）从出生起就习得白语作为第一语言；（2）日常性地使用白语，且自我估计日常使用超过60%；（3）在测试时点往前推的十年内未在白语使用区以外的地区长期生活过；（4）无长期性、日常性地使用其他语言的情况。

焦点类型，和已有针对中国南方若干声调语言的相关研究结论一致。基于已有研究所发现的——权威语言会对非权威语言产生影响（Bullock，2009），笔者提出的逆研究假设是：白语中使用音高和时长来编码焦点的方式和标准汉语类似（研究假设1b）。与逆研究假设对应的研究预测是：相对于非焦点成分，白语单语者通过延长焦点成分的时长、扩展焦点成分的调域来编码窄焦点。另外，他们通过改变时长和音高来区分焦点域和对比度存在差异的不同焦点类型，和已有针对标准汉语的相关研究结论一致。

就研究问题2而言，考虑到在与非汉语变体处在接触的语言环境中的汉语变体会表现出不同于标准汉语的韵律焦点编码方式，比如台湾普通话（Xu et al.，2012），笔者假设和白语处在长期、深入的语言接触环境中的汉语变体，其韵律焦点编码的方式和白语类似（研究假设2）。对于（近乎）大理方言单语者的研究预测是：相对于非焦点成分，大理方言单语者只通过延长焦点成分的时长来编码窄焦点，他们并不通过改变时长和音高来区分焦点域和对比度存在差异的不同焦点类型，和白语者类似。

就研究问题3而言，已有对早期双语者二语的研究发现，根据具体研究所考察的语言模块（产出 vs. 理解）和特定的语言范畴不同，早期双语儿童的二语习得与单语儿童的一语习得既存在差异，也存在共性（Baker & Trofimovich，2005；Dulay & Burt，1973，1974；Jia，2003；Krashen，1982；Paradis，2005，2007；Trofimovich & Baker，2007；Tsukada et al.，2004）。就韵律焦点编码而言，Yang & Chen（2017）发现，汉语单语儿童对于使用时长来编码焦点的习得要比对于使用音高来编码焦点的习得早。具体说来，他们发现汉语单语儿童在四岁至五岁时，在所有的声调中都掌握了通过变化时长来区分窄焦点和焦点前、焦点后，但是他们只在某些声调中掌握了通过变化音高相关的韵律手段来区分窄焦点和焦点前、焦点后。在七岁至八岁时，他们能够采用和成人类似的手段在所有的声调中，通过改变音域来区分窄焦点和焦点前，并在一些声调（第二声和第四声）中能区分窄焦点和焦点后。在十岁至十一岁时，在一些声调中，他们对于音高相关的韵律手段的使用和成人并不完全一致。Yang & Chen（2017）认为儿童对于使用时长编码焦点的习得比对于使用音高编码焦点的习得要早一些，可以归因于对声调语言的学习者来说，采用音高来编码焦点所能运用的声学空间要更为有限。考虑到白汉早期双语儿童的一语和二语都是声调语言，笔者假设白汉早期双语儿童对于将时长作为韵律手段编码焦点的习得要早于对于音高相关韵律手段的习得（研究假设3a）。相对应的研究预测是：白语早期双语儿童在所有的声调中将通过延长焦点成分的时长来区分窄焦点和焦点前、焦点后，并且在一些声调中会使用音高相关韵律手段来编码焦点。另外，Yang & Chen（2017）也发现汉语单语儿童对于采用与成人类似的方式、对以韵律来区分焦点域和对比度存在差异的不同焦点类型的习得要早于对区分窄焦点和非焦点的习得。具体说来，在四岁至五岁时，汉语单语儿童无论在什么声调中，都能采用和成人类似的方式、通过延长时长来区分窄焦点和宽焦点。然而，他们对于音高相关韵律手段的使用却和成人存在差距。在七岁至八岁时，他们并不采用音高相关韵律手段来区分窄焦点和宽焦点，和汉语单语成人一致。在十岁至十一岁时，和汉语单语成人在自然语料中的表现不同，汉语单语儿童通过改变音高来区分窄焦点和宽焦点，但是这样的编码方式却和汉语单语成人在朗读语料中的表现是一致的。汉语单语儿童使用韵律来编码焦点类型的习得早于对窄焦点和非焦点区分的习得，而这一发展情况也许可以归因于具体的韵律参数在不同编码中的使用。具体说来，在（半）自然产出的标准汉语中，只有时长被用来区分焦点类型，而时长和音高相关的韵律参数却同时被用于区分窄焦点和非焦点（Yang，2017）。考虑到早期双语儿童的二语习得在某些语言领域和单语儿童的一语习得类似（Dulay & Burt, 1973, 1974; Jia, 2003; Krashen, 1982; Paradis, 2005, 2007），且白汉早期双语儿童二语习得的正式目标是标准汉语，本研究假设白汉早期双语儿童对于使用韵律来区分焦点类型的习得要早于对窄焦点和非焦点区分的习得（研究假设3b）。与研究假设3b相对应的研究预测是：白汉早期双语儿童在所有声调中对于使用时长来区分窄焦点和宽焦点的习得要早于在所有声调中对于使用时长和音高相关韵律参数来区分窄焦点和非焦点的习得。

就研究问题4而言，考虑到早期二语输入、大量的二语使用和二语训练的质量对早期双语者是否能成功习得和母语者一致的二语能力有关（Chen et al., 2014; Gut & Pillai, 2014; Huang & Jun, 2011; Wang et al., 2012），笔者假设白汉早期双语成人在其汉语中能够习得和汉语母语者一样的能力来实现韵律焦点编码（研究假设4）。笔者将考察作为小学教师的白汉早期双语成人所产出的汉语中的韵律焦点编码。这些说话人在很早的年龄（即：六岁至七岁）就正式地开始学习汉语。他们在六岁前、非正式场合、日常生活中就已经接触到了大理方言（汉语的一种地域变体）。另外，他们曾接受过高强度的标准汉语训练、活跃地使用标准汉语、拥有较高的汉语水平，因此可以视为白语早期双语者中拥有最高标准汉语水平的代表。本研究的预测是：白汉早期双语成人能够掌握在所有声调中通过使用时长和音高相关的韵律参数来区分窄焦点和非焦点的能力，并且他们能够和标准汉语单语者一样,在所有声调中使用时长来区分窄焦点和宽焦点。对于白汉早期双语儿童来说,本研究所考察的白汉早期双语成人所产出的汉语同样也构成直接汉语输入的一个重要来源。

六 本书框架

第二章是对白语南部方言韵律焦点编码的考察,目的是为白汉早期双语者的一语提供第一手的研究资料(研究问题1)。

第三章是对大理方言韵律焦点编码的考察,目的是为白汉早期双语儿童的二语习得提供关于二语输入(即:对于儿童来说,可及的语言或语言变体)所具备特征的相关信息(研究问题2)。

第四章主要关注白汉早期双语儿童产出汉语的韵律焦点编码,所考察的儿童年龄段包括六岁至七岁,九岁至十岁,十二岁至十三岁。本章的目标是揭示白汉早期双语儿童汉语韵律焦点编码的发展路径(研究问题3)。

第五章考察的是白汉早期双语成人(也曾是早期双语儿童)产出的汉语中的韵律焦点编码。通过对白汉早期双语成人的考察,本研究的目的是建立白汉早期双语者韵律焦点编码习得的最终状态,同时也为白汉早期双语儿童的二语习得提供关于二语输入(即:对于儿童来说,可及的语言或语言变体)所具备特征的相关信息(研究问题4)。

第六章总结第二、三、四和五章的主要研究结论,深入讨论早期双语儿童的二语习得和单语儿童的一语习得在发展路径和速率上的共性和差异,进而厘清母语迁移和二语输入在双语语言发展中的作用和影响。另外,就双语研究而言,本研究存在的不足以及对于未来研究的展望也将在第六章中进行论述。

第一章 引言

　　为了能够使早期双语者和单语者（即：白汉早期双语者和汉语单语者）之间，不同语言和语言变体之间（即：白语、大理方言和标准汉语）具有可比性，本研究采用并改进了在 Yang & Chen（2017）和 Yang（2017）中的语料采集方法。为了适用于不同语言所具有的不同声调系统，本研究发展并完善了在白语（第二章）和大理方言（第三章）研究中的实验材料。

　　本书主要的章节被设定为单独可供出版的手稿。这样的设定方式导致了在第二、三、四和五章中的文献综述、研究方法部分存在一些重复的内容。然而，当前方式的优点在于每一章的内容都是自足且完整的，无须联系其他章节就可有针对性地进行独立阅读。为了保证行文的连贯，在本书中有些重复的内容。在每一章开头的地方，各个章节的发表情况都已单独注明。

第二章　白语的韵律焦点编码[①]

摘要：本研究采用半自然语料引导实验法来探索白语的韵律焦点编码。白语，是一种在中国西南地区使用的藏缅语。本研究采用含不同焦点条件的图片游戏引导白语南部方言单语者产出白语主—谓—宾（此后简称为 SVO）句子。对在不同声调中使用包括时长、音域、音高最高值、音高最低值这些韵律参数来编码焦点的方式进行考察。研究结果表明，白语说话人通过延长焦点成分的时长来区分焦点和焦点后。然而，白语说话人并不通过使用时长来区分焦点域和对比度存在差异的不同焦点类型。另外，他们并不通过变化音高来编码焦点、区分焦点域和对比度存在差异的焦点类型。本研究发现，尽管白语和汉语处在长达数世纪的语言接触中，但是白语的韵律焦点编码方式和汉语并不一致。具体说来，白语使用韵律来编码焦点，但是和汉语相比，其使用较为局限。

关键词：韵律焦点　白语

---

① 本研究的部分前期研究结果曾在第七届国际言语韵律大会（The 7th International Conference on Speech Prosody）上发表（Liu, Chen & Van de Velde, 2014）。

一　引言

本研究关注的是白语的韵律焦点编码。白语，是一种主要在中国西南地区、为白族（拥有约 100 万人口）所使用的声调语言，属藏缅语。

"焦点"这一术语在不同的研究领域拥有多种意义范畴。在本研究中，"焦点"是指对于听话人来说一个句子中传递的新信息（Gundel, 1999; Lambrecht, 1994）。焦点可根据焦点成分的焦点域和对比度分为不同的类型。例如，焦点成分可以是一个词——窄焦点（narrow focus），也可以是一个比词大的句法成分（比如一个短语）或者是一个完整的句子——宽焦点（broad focus）。焦点成分可以表达更正或者是对前文所陈述信息的直接对比——对比焦点（contrastive focus）（Chafe, 1976）。很多语言中都存在韵律焦点编码（Chen, 2009; Cooper, Eady & Mueller, 1985; Gussenhoven, 2007; Hanssen, Peters & Gussenhoven, 2008; Heldner, 2003; Jannedy, 2007; Wang et al., 2011; Xu, 1999; Xu et al., 2012）。

在很多非声调语言中，音高常被用来编码焦点（Arnhold, 2016; Baumann, Becker, Grice & Mücke, 2007; Chen, 2009; Cooper et al., 1985; Gussenhoven, 2004; Ladd, 1996）。已有研究还发现，音高在一些声调语言的焦点编码中也扮演了重要的角色。比如，斯德哥尔摩瑞典语是一种拥有两个音高重音的语言，一个单独的高调会叠加在词调上来标记焦点，这一编码方式使得音高对于词层面和高于词层面的区分都非常相关（Bruce, 1982; Romøren, 2016）。在标准汉语这个拥有四个声调的声调语言中，音高作为一种主要的韵律参数被用来编码焦点，另外还有时长（Chen, 2010; Ouyang & Kaiser,

2015；Xu，1999；Yang，2017；Yang & Chen，2014）。具体来说，在标准汉语中，韵律焦点编码的方式表现为：相对于非焦点成分，焦点成分的音域扩展、时长延长（Yang，2017；Yang & Chen，2014）。另外，在标准汉语中，在宽焦点条件下的焦点后成分和非焦点成分相比，焦点后成分的音域压缩（Xu，1999）。就使用韵律参数来编码焦点域存在差异的不同焦点类型而言，在标准汉语的朗读语料中，在窄焦点条件下的焦点成分与其在宽焦点条件下的对应成分相比，时长延长、音域扩展（Xu，1999）。然而，在标准汉语的半自然语料中，在窄焦点条件下的焦点成分与其在宽焦点条件下的对应成分相比，只有时长延长，音域却没有任何变化（Yang，2017；Yang & Chen，2014）。就使用韵律参数来编码对比度存在差异的不同焦点类型而言，在标准汉语的朗读语料中，无论是时长还是音域都并未被使用。与之类似的是，已有研究发现，在拥有六个声调的越南语中，音高和时长作为韵律参数都被用来编码焦点（Jannedy，2007，2008）。然而，其他的声调语言却并未使用音高来编码焦点。比如，在拥有六个声调的粤语中，音高变化并未被系统地用来编码焦点。根据 Wu & Xu（2010）的考察，粤语中，时长和音强是韵律焦点编码的主要声学参数——在所有的声调中，无论处于什么样的句中位置，焦点成分的时长和音高都有显著增加。另外，Wu & Xu（2010）的研究并未发现焦点后成分的平均音域存在压缩。在拥有两个声调的尤卡坦玛雅语中，音高只在词层面得到运用，而并无通过韵律变化进行焦点编码的迹象（Gussenhoven，2006；Gussenhoven & Teeuw，2008；Kügler & Skopeteas，2007）。在声调语言中所发现的这些韵律焦点编码的差异可以说明：何种韵律参数在何等程度上为编码焦点所使用在不同语言中是存在差异的，而这一差异和语言中声调的数量并不存在相关性。

此外，在语言接触中，不同语言使用韵律参数进行焦点编码的具体方式似乎是比较稳定的。已有研究表明：在语言接触环境中，权威语言对非权威语言的韵律焦点编码方式似乎并不易产生影响（Wang et al., 2011, 2012; Xu et al., 2012）。比如，Wang et al.（2011）对在中国境内使用的六种语言/方言的韵律焦点编码方式进行了考察，包括：南昌话（汉语的一种地域变体）、藏语、维吾尔语、德昂语、彝语和佤语。其中，Wang et al.（2011）对于彝语、德昂语和佤语的研究与本研究显得格外相关。和白语一样，这三种语言均为生活在云南省或云南省周边的少数民族所使用，都没有广泛使用的文字系统，且和汉语的语言接触历史超过数个世纪。另外，这些语言属于不同的语系或语族，彝语属于汉藏语系藏缅语族，德昂语和佤语属于南亚语系孟高棉语族。Wang et al.（2011）发现：在韵律焦点编码方式上，德昂语、彝语和佤语均和标准汉语不同。在德昂语、彝语和佤语中，只有时长变化用于编码焦点，而在标准汉语中，音高和时长均是韵律焦点编码的重要参数。另外，学者们也在中国海南省三亚回辉人所使用的回辉话中发现了类似情况，且回辉话也与汉语处在密切的语言接触环境中（Wang et al., 2012）。此外，对于台湾地区闽南语的研究（Chen et al., 2009; Xu et al., 2012）也表明，虽然台湾地区闽南语和汉语处在密切的语言接触环境中已超过六十年的时间，但是台湾地区闽南语的韵律焦点编码方式并没有受到汉语的影响。

综上所述，已有对声调语言韵律焦点编码的研究发现，在不同语言中使用何种韵律参数是存在差异的，且这种差异和不同语言的声调数量并不存在相关性。其次，不同语言中就韵律参数的具体使用差异在语言接触环境下是较为稳定的。但是，已有对处于语言接触环境中的声调语言韵律焦点编码的研究，存在着一些研究方法上的不足和局限。第一，已有分析多基于演练过的实验室朗读语料。众所周知，在朗读语音和（半）自然产出的语音中的韵律焦点实现是有区别的（Bard & Aylett, 1999; Chen & Gussenhoven, 2008; De Ruiter, 2010; O'Brien & Gut, 2010; Xu, 1999; Yang, 2017）。比如，Xu（1999）发现在标准汉语的朗读语料中，韵律焦点的编码主要是通过延长焦点成分的时长，扩展焦点成分的调域，这一表现和在标准汉语的半自然语料中的发现存在一致性。然而，Chen & Gussenhoven（2008）发现在标准汉语的朗读音中，音高和时长都被用于区分对比焦点和窄焦点。Yang（2017）却发现在标准汉语的自然产出中无论是音高还是时长都未用于区分对比焦点和非对比焦点。以上研究结果的差异可归因于所收集语料性质上的不同。那么，在半自然语料中，白语说话人是如何运用韵律来编码焦点的呢？第二，已有研究多关注的是使用时长和音高来区分窄焦点和焦点后、窄焦点和宽焦点（Shen & Xu, 2016; Xu et al., 2012）。但是，时长和音高是如何被用来区分窄焦点和非焦点（焦点后和焦点前）、对比焦点和非对比焦点的却仍有待探索。第三，在已有研究的实验设计中，声调并不总是实验设计中被控制的因素（比如：Wang et al., 2011）。那么，在同一语言的不同声调中韵律焦点编码的方式是否一致呢？

本研究采用一个图片配对游戏来引导多位白语说话人在不同焦点条件下产出半自然语料。本研究旨在考察音高和时长是被如何用来区分窄焦点和非焦点、不同焦点类型（窄焦点、宽焦点、对比焦点）的。另外，本研究在实验设计中将白语的声调系统纳入到实验

第二章　白语的韵律焦点编码

控制中。根据上述对已有研究的回顾，基于权威语言对非权威语言就韵律焦点编码上并无影响的预设，本研究假设：在白语中使用时长和音高来编码焦点的方式和标准汉语并不一致。对于白语单语者的研究预测是：相对于非焦点成分，白语单语者只通过延长焦点成分的时长来编码窄焦点，他们并不通过改变时长和音高来区分焦点域和对比度存在差异的不同焦点类型，和已有对中国南方若干声调语言的研究结果一致。基于已有研究所发现的——权威语言会对非权威语言产生影响（Bullock，2009），本研究的逆研究假设（alternative hypothesis）是：白语中使用音高和时长来编码焦点的方式和标准汉语类似。相应的，逆研究假设的研究预测是：相对于非焦点成分，白语单语者通过延长焦点成分的时长、扩展焦点成分的调域来编码窄焦点，并且，他们通过改变时长和音高来区分焦点域和对比度存在差异的不同焦点类型，和已有对标准汉语研究的结果相类似。

白语是白汉早期双语儿童的母语。就笔者所知，学界对白语中焦点的韵律编码方式仍一无所知[①]。因此，当前研究将为白语韵律焦点编码提供第一手的研究资料。

二　白语和汉语的语言接触

白语，主要为生活在中华人民共和国云南省大理白族自治州的白族（拥有约 100 万人口）所使用。白语的基本语序是 SVO（徐琳主编，2008；赵燕珍，2009）。白语有三个地域变体，包括：白语

[①] 本文最初发表于 2014 年，2020 年《民族语文》第 6 期发表了刘璐、王蓓和李雪巧撰写的《白语焦点和边界的韵律编码方式》，此文采用实验语音学的方法考察了大理白语中焦点和边界的韵律编码方式。

中部方言、白语北部方言和白语南部方言（请见图 2 - 1）。本研究关注的是白语南部方言，主要是基于白语南部方言在音段和词汇层面有较好的研究基础（Allen，2004；Allen et al.，1997；何稳菊，2015；徐琳主编，2008；赵衍荪 & 徐琳，1996）。白语南部方言的声母系统包括二十七个辅音音位：/p, ph, m, f, v, t, th, n, l, k, kh, ŋ, x, ɣ, tɕ, tɕh, ȵ, ɕ, j, ts, tsh, s, z, tʂ, tʂh, ʂ, ʐ/。在这些辅音音位中，四个辅音音位，即/tʂ, tʂh, ʂ, ʐ/主要用于汉语借词。白语南部方言的韵母系统包括八个元音音位：/i, e, ɛ, ɑ, o, u, ɯ, v/，十二个复合元音音位：/iɛ, ia, iao, io, iou, iɯ, ui, uɛ, ua, uo, o, ou/。另外，在白语南部方言中，有一个元音和两个复合元音产出时带有卷舌色彩：/ɚ, iɚ, uɚ/（赵衍荪 & 徐琳，1996：480 - 487）。在白语南部方言中，一共有来自于三个调类的八个声调：平调（55、44、33），升调（35）和降调（42、21、32、31）（Allen，2004；赵衍荪 & 徐琳，1996）。白语的声调被认为是音高、发声态和松紧度都在综合起作用的系统。例如，Tone 21 通常被用来描写带有气噪声特征的声调，Tone 42 通常被用来描写咽化音（Allen，2004；Allen et al.，1997；赵衍荪 & 徐琳，1996）。然而，在白语南部方言中，无论是发声态还是松紧度都不是一个区别性特征（Allen，2004；Allen et al.，1997）。因此，本章研究延用 Allen（2004）中所采用的赵元任五度标调法（Chao，1930，1968）来表示白语南部方言的八个声调，包括：三个平调（55/高平调、44/中高平调、33/中平调），一个升调（35/中升调），四个降调（42/高降调、32/中降调、21/低降调、31/中降调）。

虽然当前学界对白语在汉藏语系中的亲属关系还有争论（Allen，2004），但是这样的发生学争论对于本研究的主题并无影响。和本研

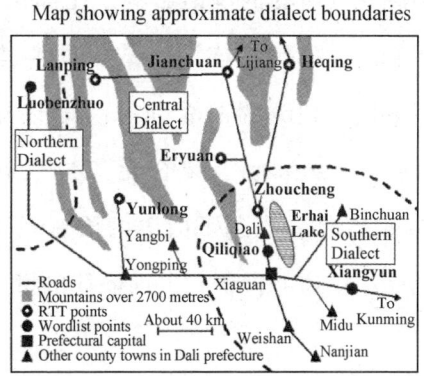

图 2-1　白语方言分区（摘自 Allen，2004：4）

究相关的是，白语和汉语处在密切的语言接触中已达数个世纪，并延续至今。随着中国唐代（618—907 AD）的国家融合，白语使用地区成为中国的一部分。白族和汉族在 1949 年中华人民共和国成立之后，也持续处在密切的接触中。中国政府在 1956 年正式识别白族为自治民族团体。然而，白语并非是中国的官方语言，哪怕是在大理白族自治州也不是官方语言。最近，邓瑶、何稳菊（2012）调查了白语南部方言地区的语言使用和语言态度，他们发现：白语南部方言和汉语（标准汉语和大理方言）在功能上是互补的。在大理地区，标准汉语和大理方言（汉语的一种地域变体）主要是用于教育、媒体和其他正式的场合，而白语南部方言主要用于非正式场合和日常交流。然而，由于汉语所具有的社会、经济和政治重要性，汉语被认为是较为权威的语言。

汉语对于白语的影响很容易就能在词汇、语法和语音系统（辅音、元音和声调）上观察到（戴庆夏 & 李绍尼，1992）。在词汇方面，戴庆夏、李绍尼（1992）调查了 1800 个白语词，并发现其中超过 86% 的词汇是汉语借词。类似的是，很多白语中的语法结构能够追溯到其所受的汉语影响，比如比较句、递进句中的连词使用、因果复句中的因果连词（戴庆夏 & 李绍尼，1992）。另外，白语的元音、辅音和声调都受到了汉语很深的影响。比如，汉语辅音/tʂ/、/tʂh/、/ʂ/和/ʐ/，复合元音/ia/、/io/和/iu/，声调 Tone 42 和声调 Tone 35 都融入到了白语的语音系统中（戴庆夏 & 李绍尼，1992）。然而，汉语对白语句层面韵律的影响研究却还是一片空白。

三　研究方法

（一）图片配对游戏

本研究采用并发展了 Chen（2011）里所使用的图片配对游戏来引导白语母语者在半自然语境中产出 SVO 句，选择此方法论主要基于以下两个原因：第一，当前并没有为白语母语者广泛使用的白语文字系统。尽管中国政府曾就推行白语拉丁文字系统做出过努力，但是缺乏长期效应（徐琳主编，2008）。本研究采取的图片配对游戏完全是基于图片的。这样的实验设计一方面保证了发音人在不熟悉白语文字系统的情况下仍能参与实验；另一方面，也避免了可能存在的、白语者需要通过文字来激活发音这一认知能力的影响。第二，这一方法论也曾应用于对汉语自然语料（非朗读语料）中韵律焦点编码的考察。对这一方法论的采用使得当前针对白语南部方言的研究能够和针对汉语的研究进行更为合理的比较。

在图片配对游戏中，一共使用了三组图片。一位白语南部方言的母语者作为本研究的实验员。在实验过程中，实验员和发音人各手持一组已事先安排好顺序的图片，第三组图片散落在实验操作的桌子上。在实验员的图片中（第一组），总有一些信息是缺失的，比如：主语、动作、宾语，或者三者都缺失。发音人的图片（第二组）

包含某个完整的事件。发音人的任务是帮助实验员将第一组(实验员的图片)和第三组(散落在桌子上的图片)挑选出来并配成一对(见图 2-2)。

示例

NF-i (narrow-focus on the subject NP in sentence-initial position)　　句首焦点

[THE CAT] sells the tree.　　a^{55} mi^{55} tɯ^{21}　　　　　　kɯ^{21}　tsɯ^{33}.

Set 1　第一组图片　　　　Set 2　第二组图片　　　Set 3　第三组图片

实验员:看!树。还有一个售货架。看起来有东西卖树。谁卖树?

发音人:[猫]　　卖　树
　　　a^{55} mi^{55} tɯ^{21}　kɯ^{21}　tsɯ^{33}

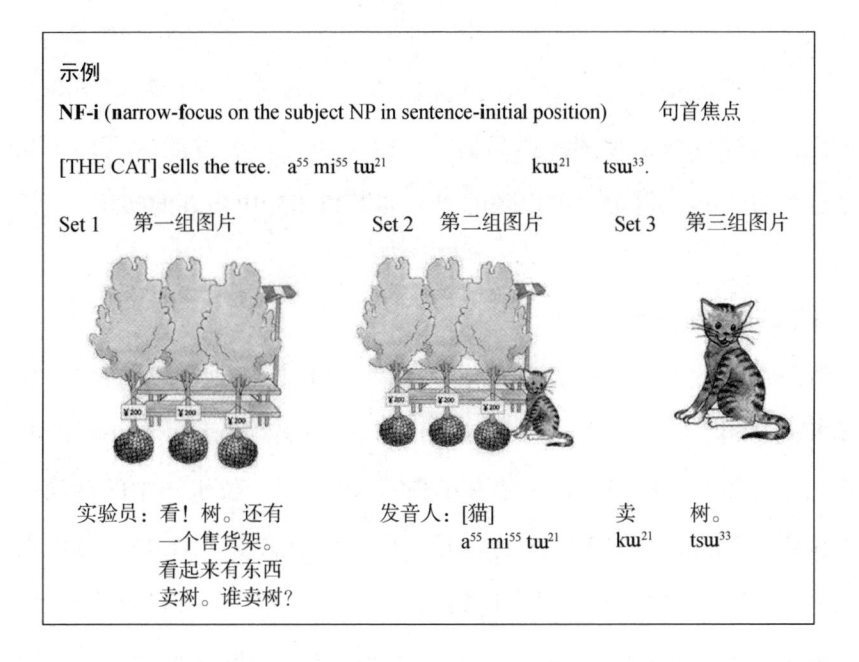

图 2-2　引导目标句"[猫]卖树"的实验流程示例

现以位于句首位置的主语成分是窄焦点(NF-i condition)的焦点条件作为范例,来介绍实验过程。第一步,实验员从她手里的图片(第一组图片)里拿出一张,通过说——"看!树和一个售货架。看起来有东西卖树。"——这一句子来将发音人的注意力集中到图片上,并同时描绘图片上的内容。在提出引导问题之前进行这样的操作,是为了保证图片上的实体对于发音人来说是已知信息(given)。第二步,实验员针对这张图片提问一个问题(比如:"谁卖树?")。第三步,发音人从他/她的图片(第二组)中翻开一张来,并仔细进行观察。第四步,实验员重复问题,发音人根据其图片回答问题（例如："［猫］卖树。"）。最后，实验员从第三组图片中找出带有缺失信息的图片来，并将图片配成对。游戏的规则要求发音人要产出完整的句子，并且不能将其手里的图片展示给实验员。

为了保证发音人对于词汇选择的前后一致性，图片配对游戏开始之前会先进行一个图片命名游戏。这个图片命名游戏的设计是为了让发音人熟悉在游戏中出现的目标词汇和图片中出现的实体。

(二) 实验材料

笔者在若干位（近乎）白语母语者的帮助下，设计了当前研究的实验材料。在图片游戏中引导出五个不同焦点条件下的 SVO 句，包括：位于句首的名词性主语是窄焦点（NF-i），位于句中的动词是窄焦点（NF-m），位于句末的名词性宾语是窄焦点（NF-f），宽焦点（BF）和位于句中的动词是对比焦点（CF-m）。如在例（1）到例（5）中所表示的，焦点条件主要是由一个特殊疑问句或者是一个由实验员说出的陈述句来搭建的，放在方括号里的是焦点成分。每个焦点条件实现在 24 个 SVO 句子中。

(1) **NF-i**

实验员：看！树。还有一个售货架。看起来有东西卖树。谁卖树？

发音人：[**猫**]　　　　　卖　　　树。

　　　　$a^{55}mi^{55}tɯ^{21}$　　　$kɯ^{21}$　　$tsɯ^{33}$.

　　　　猫　　个（量词）　卖　　　树。

(2) **NF-m**

实验员：看！兔还有树。看起来有兔在弄树。兔怎么弄球？

发音人：兔　　　　　　　[**卖**］树。

$t^h ɔ^{55} lɔ^{55}$ tɯ²¹   kɯ²¹ tsɯ³³.

兔　　　个（量词）卖　树。

（3）NF-f

实验员：看！熊。熊站在售货架后面。看起来熊在卖东西。熊卖什么？

发音人：熊　　　　卖　[**树**]。

ço⁴² tɯ²¹   kɯ²¹ tsɯ³³.

熊　　个（量词）卖　树。

（4）BF

实验员：看！图片一片模糊。我什么也看不清。图片上画了什么？

发音人：[**猫　　　　卖　树**]。

a⁵⁵mi⁵⁵ tɯ²¹   kɯ²¹ tsɯ³³.

猫　　个（量词）卖　树。

（5）CF-m

实验员：看！狗和树。看起来狗在弄树。我猜狗擦树。

发音人：狗　　　　[**卖**]　树。

$k^h ua^{33}$ tɯ²¹   kɯ²¹ tsɯ³³.

狗　　个（量词）卖　树。

为了保证本实验能有一个合理的长度，本研究在三个声调类型中各选取一个声调作为声调类型的代表并将其纳入到实验设计中。这三个声调类型是：平调（Tone 55、44 和 33），降调（Tone 42、31、32 和 21），升调（Tone 35）。所选择的声调需较好地囊括了白语南部方言的声调系统，即：Tone 55 作为平调的代表；Tone 21 作为降调的代表；Tone 35 是升调。

在白语南部方言中，当一个名词充当句子主语时，其后需伴随一个量词来组成名词短语；但是当名词充当句子宾语时，名词短语的量词可以被省略（赵燕珍，2009）。本研究选择了四个名词主语，在所有的目标句中这些名词主语后都跟着同一个低降调的量词。白语中的三个调类中所选取的每一个声调（即：高平调/Tone 55、低降调/Tone 21、中升调/Tone 35）在动词位置都出现两次。六个单音节动词和四个单音节名词性宾语组成 24 个动词短语，每一个动词短语都出现在所有的焦点条件中（n=5）。这样的设计能够引导出 120 个动词短语。4 个名词性短语（总是以同一个量词"tɯ^{21}"结尾）分别与 120 个动词短语组合，从而最终构成了 120 个唯一的目标句。这 120 个目标句被分为两个列表，每个列表包含实现在不同句子中的 5 个焦点条件、所有的 6 个声调代表，但是动词短语被一分为二，分别在两个列表中。如此编排，就可以实现每一位发音人参与的是一个含有 60 个目标句的列表。表 2-1 展示了构成 SVO 句子的选词，带有 IPA 标注的实验用句附在附录 C 中。

表 2-1　SVO 目标句选词一览（每个词均用 IPA 和汉译标示）

句子成分	词	名词		量词
		第一个音节	第二个音节	第三个音节
主语	猫（一只猫）	a^{55}	mi^{55}	tɯ^{21}
	熊（一只熊）	ɕo^{42}		tɯ^{21}
	狗（一只狗）	k^{h}ua^{33}		tɯ^{21}
	兔（一只兔）	t^{h}ɔ^{55}	lɔ^{55}	tɯ^{21}
动词（列表 2-1）	闻	ts^{h}u^{55}		
	包	pɔ^{35}		
	卖	kɯ^{21}		
动词（列表 2-2）	画	xua^{55}		
	抹	ma^{35}		
	搬	pa^{21}		

续表

句子成分	词	名词		量词
		第一个音节	第二个音节	第三个音节
宾语	梨	ɕui^{35}	li^{55}	
	草	tsʰu^{33}		
	树	tsɯ^{33}		
	笔	fv^{44}	a^{44}	

（三）实验对象和实验过程

14 位（近乎）白语南部方言单语者（6 位男性和 8 位女性，年龄范围：22 岁至 46 岁；平均年龄：30.1 岁；标准差 = 9.0）参与了本研究（发音人的具体信息请见附录 D）。所有的发音人都来自于中国云南省大理白族自治州喜洲镇的村庄。虽然所有的发音人都学过标准汉语或者是大理方言，但他们在日常生活中主要使用的是白语。所有的发音人都满足下列条件：（1）从出生起就开始习得白语作为第一语言；（2）日常使用白语南部方言，且自我估计的日常使用超过 60%；（3）从测试时点往前推的十年内并未在非白语南部方言地区长期生活过；（4）无长期性的、日常性地使用汉语或者其他语言的情况；（5）无自我报告的说话或听力障碍。所有的发音人都因参与实验而得到一笔微薄的报酬。发音人被随机地分配到两个列表中的其中一个，一位女性白语南部方言母语者担任实验员（年龄 = 26 岁）。实验员对发音人一一进行单独测试，每一个实验分为两个部分，每个部分包括 60 个实验测试段。为了避免发音人疲劳或是注意力涣散，每个部分的实验结束后会暂停，并让发音人适当休息。一位发音人完成一个部分的实验大约需 20 分钟至 25 分钟。所有的实验都在喜洲镇金圭寺村某村民家中一个安静的房间中完成，实验全程采用白语南部方言。实验采用一个便携式 ZOOM HI 录音机来进行录制工作，采样率为 44.1kHz，1.6 比特。为了将来的训练工作，实验全程也进行了影像记录。

（四）语音标注

首先，采用音标和字符对实验所收集的语料进行转写和标注。如果发音人回答的句子符合下列筛选条件之一就被排除在下一步的分析之外：(1) 并不是对目标问题的回答；(2) 包含自我纠正或是犹豫（定义为在发音人作出回答之前发出的长"嗯"声）；(3) 在回答句中，就词或者语序的选择偏离目标句；(4) 言语声被录音环境附近的农场噪音所覆盖。在所有获取的语料中，其中 62% 的回答句（n = 697）纳入到下一步的分析中。

动词是本研究的韵律分析目标。动词在窄焦点（NF-m）、宽焦点（BF）和对比焦点（CF-m）条件中均是焦点成分，在句首窄焦点（NF-i）条件中是焦点后成分，在句末窄焦点（NF-f）条件中是焦点前成分。本研究采用 Praat 语音分析软件（Boersma & Weenink, 2006）进行分析，根据声波图、宽带频谱图、音高线和听觉感知（Turk, Nakai & Sugahara, 2006）来对动词进行声学标注。两个音高相关和两个音段相关的标注点被插入到对每一个动词的标注中：音高最大值、音高最小值、词起点、词终点。具体的语音标注如图 2 - 3 所示。

根据前人研究，本研究在插入音高最大值和音高最小值的标注时，将各声调不同的声调目标也考虑在内（Xu, 1999; Xu & Wang, 2001; Yang & Chen, 2017）。具体说来，Tone 55 是高平调，在语流中出现时，其音高曲线呈现轻微上扬；在句中位置出现时，其音高

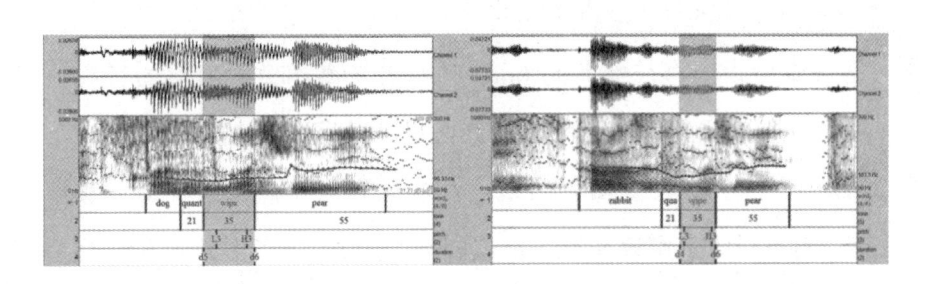

图 2-3　动词在 NF-m 条件（动词位于句中焦点位置）vs. NF-f（动词位于句末焦点位置）条件下的音高曲线对比

曲线偶尔会呈现出轻微下降。在 Tone 55 音节中，出现轻微上扬音高曲线时，音高最大值取值点在音高最小值取值点之后；而在出现轻微下降音高曲线时，音高最大值取值点在音高最小值取值点之前。Tone 35 是升调，但是笔者观察到 Tone 35 在句中位置出现时，其音高曲线呈现先降后升曲线。这一表现与 Xu（1997）和 Yang & Chen（2017）在标准汉语中发现的、和白语 Tone 35 调型和调值都相类似的声调（Tone 2）呈现出的曲线状态相一致。鉴于 Tone 35 的下降段多是受到前接声调的影响，在声调标注时应考虑在上升段进行 Tone 35 声调目标的取值（Xu，1997）。因此，在 Tone 35 中取值时主要在上升段中进行，且音高最大值的取值点取在音高最小值的取值点之后。与此相类似的是，Tone 21 是一个降调，但是笔者观察到在句中位置的 Tone 21 呈现出先升后降的曲线。同样的，这一表现与 Xu（1997）和 Yang & Chen（2017）在标准汉语中发现的、和白语 Tone 21 调型和调值都相类似的声调（Tone 4）呈现出的相一致。鉴于 Tone 21 在语流中呈现的上升段易受前调的影响，且下降段才包含了 Tone 21 的声调目标。因而，笔者在对 Tone 21 进行声学标注时，主要在下降段中取值，且音高最大值的取值点取在音高最小值的取值点之后。

本研究采用自行编写的 Praat 脚本对音高相关取值点的音高值（Hz）和音段相关取值点的时间值（秒）进行自动抽取。每一个动词的四个声学参数被抽取出来：音高最大值、音高最小值、音域（即：音高最大值和音高最小值之间的差值）、词的时长。在所有符合筛选条件的回答句中，无法从 115 个句子（占所筛选回答句的16.5%）中获取可靠的音高信息。因而，这些回答句被排除在和音高相关的测量和分析中。

四 统计分析和结果

（一）统计分析

为了探究焦点的作用，笔者比较了动词在焦点条件和非焦点条件下的测量数据。也就是，NF-m 条件（动词是焦点成分）vs. NF-i 条件（动词是焦点后成分），NF-m 条件（动词是焦点成分）vs. NF-f 条件（动词是焦点前成分）；为了考察焦点域存在差异的不同焦点类型，笔者比较了动词在窄焦点条件（NF-m）和宽焦点条件（BF）下的测量数据；为了考察对比度存在差异的不同焦点类型，笔者比较了动词在对比焦点条件（CF-m）和非对比焦点条件（即：窄焦点条件 NF-m）下的测量数据。

笔者采用了 R 软件（R Core Team, 2014）中的"lme4"程序包（Bates, Mächler, Bolker & Walker, 2015）和"ImerTest"程序包（Kuznetsova, Brockhoff & Christensen, 2013）来运行线性混合效应模型。在所有搭建的统计模型中，纳入"声调（tone）"和"焦点条件（focus condition）"作为固定变量（fixed factors），"说话人（即：发音人）"和"句子（即：回答句）"作为随机变量（random factors）。

在上述列出的四组对比当中，"焦点条件"有两个层级（即研究问题中涉及的两种焦点条件），"声调"指的是目标动词的不同声调，包括三个层级（即：平调、升调和降调）。结果变量/因变量是动词的时长、音域、音高最大值和音高最小值。

参考 Field, Miles & Field（2012）和 Magezi（2015），本研究采用逐步构建和检验的多层级建模方式。具体说来，搭建模型从只含有截距的截距模型（Intercept-only model）出发，逐次添加新的变量构建数据模型。然后，通过似然比检验（Likelihood-ratio test）系统地将只区别于一个新增变量的不同模型进行比较。比较结果中反映出的新增变量的卡方值（χ^2）、自由度（Degrees of freedom）和 p 值（p-value）将会被汇报出来。如果 p 值小于 0.05，则说明新增变量在统计学意义上显著地提升了所构建模型的拟合度。模型搭建的具体步骤请见表 2-2。

表 2-2　　　　　　　　　　模型搭建步骤一览

模型	新增变量
模型 0（Model 0）	仅纳入"说话人"、"句子"作为随机截距
模型 1（Model 1）	+声调
模型 2（Model 2）	+焦点条件
模型 3（Model 3）	+声调：焦点条件

进行模型搭建时，只有在统计学意义上能显著提高模型拟合度的变量和交互效应才能被逐层保留，直到达到拟合度最高的最佳模型[①]。当拟合度最高的最佳模型建立后[②]，本研究只归纳和理解最佳

[①] 参考 Bates, Kliegl, Vasishth & Baayen（2015）对于最简模型（parsimonious models）重要性的解释。

[②] 本研究中使用的是"anova"功能进行不同模型间的比较（Quené & Van den Bergh, 2008），参考 Baayen et al.,（2008）对最大似然度（maximum likelihood）的解释。

模型。对于每一个分析过程,笔者将首先汇报模型比较的结果,然后汇报最佳模型的参数估计值。鉴于本研究主要关注的是在结果变量/因变量中焦点的作用,在下文的分析中,涉及到焦点的主效应和交互效应将作为重点进行阐释。但是,本研究对其他因素所产生的主效应和交互效应的细节并不作深入讨论。

(二) 时长

1. 焦点效应:焦点 vs. 非焦点

窄焦点 *vs. 焦点后*(*NF-m vs. NF-i*)。测试焦点(焦点 vs. 焦点后)在时长上表现的模型搭建细节请见表 2-2。模型的拟合度比较结果请见表 2-3。如表所示,拟合度最高的最佳模型是模型 2(Model 2),这个模型包括声调的主效应,$\chi^2(2) = 73.648$,$p < 0.001$;焦点条件的主效应,$\chi^2(1) = 5.006$,$p < 0.05$。最佳模型的具体参数估计值请见表 2-4。焦点条件的主效应,具体说来,无论是什么声调,当动词在窄焦点中是焦点成分时(165.8ms,$SD = 54.5$),时长比其是焦点后成分时(152.3ms,$SD = 47.9$),显著要长($b = 12.460$,$df = 46.3$,$t = 2.295$,$p < 0.05$),如图 2-4 所示。

表 2-3　　时长作为结果变量:窄焦点(NF-m)vs. 焦点后(NF-i)模型拟合度分析一览

模型	N_{pars}	$-2LLR$	比较			
			模型	$\Delta\chi^2$	Δdf	p
0(仅纳入"说话人"、"句子"作为随机截距)	4	−1484.8				
1 + 声调	6	−1448.0	0 vs 1	73.648	2	0.000***
2 + 焦点条件	7	−1445.5	1 vs 2	5.006	1	0.025*
3 + 声调:焦点条件	9	−1445.4	2 vs 3	0.123	2	0.941

注:"$\Delta\chi^2$"表示的是卡方值的变化,"Δdf"表示的是自由度的变化。

表2-4　时长，窄焦点（NF-m）vs. 焦点后（NF-i），
最佳模型的参数估计值一览（模型2）

	Estimate	SE	*df*	*t* value	Pr（>|t|）
固定变量					
截距（Intercept）	102.059	6.583	48.720	15.504	0.000***
平调（Level tone）	92.559	6.671	46.640	13.875	0.000***
升调（Rising tone）	56.231	6.669	46.660	8.432	0.000***
窄焦点（Narrow focus）	12.460	5.430	46.300	2.295	0.026*
随机变量	名称	S^2	SE		
句子（Sentence）	Intercept	225.1	15.00		
发音人（Speaker）	Intercept	192.5	13.87		
余值（Residual）		772.7	27.80		

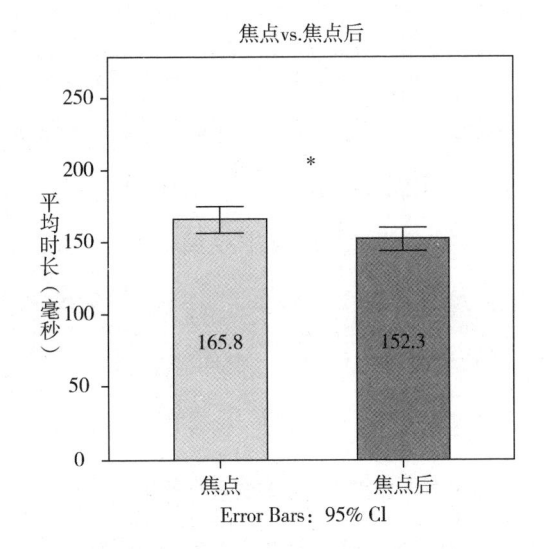

图2-4　焦点成分的平均时长（毫秒）vs. 焦点后成分的平均
时长（毫秒），n=297，N=14，显著性差异用星号*标示

窄焦点 vs. 焦点前（NF-m vs. NF-f）。测试焦点（焦点 vs. 焦点前）在时长上表现的模型搭建细节请见表2-2。模型的拟合度比较结果请见表2-5，如表所示，拟合度最高的最佳模型是模型1

(Model 1),这个模型只包括声调的主效应,χ^2(2) = 67.786,p < 0.001。因而,没有证据表明白语说话人在任一声调中通过变化时长来区分窄焦点和焦点前。

表2-5　　　　时长作为结果变量:窄焦点(NF-m) vs. 焦点前(NF-f)模型拟合度分析一览

模型	N_{pars}	-2 LLR	比较 模型	$\Delta\chi^2$	Δdf	p
0(仅纳入"说话人"、"句子"作为随机截距)	4	-1472.2				
1 + 声调	6	-1438.3	0 vs 1	67.786	2	0.000***
2 + 焦点条件	7	-1436.5	1 vs 2	3.655	1	0.056
3 + 声调:焦点条件	9	-1436.0	2 vs 3	0.886	2	0.642

注:"$\Delta\chi^2$"表示的是卡方值的变化,"Δdf"表示的是自由度的变化。

2. 焦点域效应:窄焦点(NF-m) vs. 宽焦点(BF)

测试焦点域(窄焦点 vs. 宽焦点)在时长上表现的模型搭建细节请见表2-2。模型的拟合度比较结果请见表2-6。如表所示,拟合度最高的最佳模型是模型1(Model 1),这个模型只包括声调的主效应,χ^2(2) = 56.328,p < 0.001。因而,没有证据表明白语说话人在任一声调中通过变化时长来区分窄焦点和宽焦点。

表2-6　　　　时长作为结果变量:窄焦点(NF-m) vs. 宽焦点(BF)模型拟合度分析一览

模型	N_{pars}	-2 LLR	比较 模型	$\Delta\chi^2$	Δdf	p
0(仅纳入"说话人"、"句子"作为随机截距)	4	-1403.1				
1 + 声调	6	-1375.0	0 vs 1	56.328	2	0.000***
2 + 焦点条件	7	-1374.9	1 vs 2	0.165	1	0.685

续表

模型	N$_{pars}$	−2 LLR	比较			
			模型	$\Delta\chi^2$	Δdf	p
3＋声调：焦点条件	9	−1374.2	2 vs 3	1.456	2	0.483

注："$\Delta\chi^2$"表示的是卡方值的变化,"Δdf"表示的是自由度的变化。

3. 焦点对比度效应：对比焦点（CF-m） vs. 窄焦点（NF-m）

模型的拟合度比较结果请见表2−7。如表所示,拟合度最高的最佳模型是模型1（Model 1）,这个模型只包括声调的主效应,χ^2（2）=65.465, $p<0.001$。因而,没有证据表明白语说话人在任一声调中通过变化时长来区分对比焦点和非对比焦点。

表2−7　时长作为结果变量：对比焦点（CF-m） vs. 窄焦点（NF-m）模型拟合度分析一览

Models	N$_{pars}$	−2 LLR	比较			
			模型	$\Delta\chi^2$	Δdf	p
0（仅纳入"说话人"、"句子"作为随机截距）	4	−1456.8				
1＋声调	6	−1424.1	0 vs 1	65.465	2	0.000***
2＋焦点条件	7	−1423.6	1 vs 2	0.946	1	0.331
3＋声调：焦点条件	9	−1423.6	2 vs 3	0.058	2	0.972

注："$\Delta\chi^2$"表示的是卡方值的变化,"Δdf"表示的是自由度的变化。

（三）音域

1. 焦点效应：焦点 vs. 非焦点

窄焦点vs. 焦点后（NF-m vs. NF-i）。模型的拟合度比较结果请见表2−8。如表所示,拟合度最高的最佳模型是模型1（Model 1）,这个模型只包括声调的主效应,χ^2（2）=30.724, $p<0.01$。因而,没有证据表明白语说话人在任一声调中通过变化音域来区分窄焦点和焦点后。

表2-8 音域作为结果变量：窄焦点（NF-m）vs.

焦点后（NF-i）模型拟合度分析一览

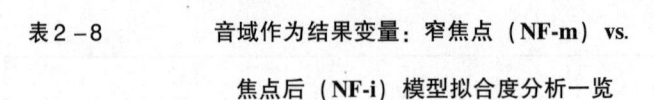

模型	N_{pars}	-2 LLR	比较			
^	^	^	模型	$\Delta\chi^2$	Δdf	p
0（仅纳入"说话人"、"句子"作为随机截距）	4	-963.55				
1+声调	6	-948.19	0 vs 1	30.724	2	0.000***
2+焦点条件	7	-947.84	1 vs 2	0.710	1	0.399
3+声调：焦点条件	9	-947.09	2 vs 3	1.489	2	0.475

注："$\Delta\chi^2$"表示的是卡方值的变化，"Δdf"表示的是自由度的变化。

窄焦点vs. 焦点前（NF-m vs. NF-f）。模型的拟合度比较结果请见表2-9。如表所示，拟合度最高的最佳模型是模型1（Model 1），这个模型只包括声调的主效应，$\chi^2(2) = 32.877$，$p < 0.001$。因而，没有证据表明白语说话人在任一声调中通过变化音域来区分窄焦点和焦点前。

表2-9 音域作为结果变量：窄焦点（NF-m）vs.

焦点前（NF-f）模型拟合度分析一览

模型	N_{pars}	-2 LLR	比较			
^	^	^	模型	$\Delta\chi^2$	Δdf	p
0（仅纳入"说话人"、"句子"作为随机截距）	4	-999.17				
1+声调	6	-982.73	0 vs 1	32.877	2	0.000***
2+焦点条件	7	-982.68	1 vs 2	0.094	1	0.759
3+声调：焦点条件	9	-981.80	2 vs 3	1.762	2	0.414

注："$\Delta\chi^2$"表示的是卡方值的变化，"Δdf"表示的是自由度的变化。

2. 焦点域效应：窄焦点（NF-m）vs. 宽焦点（BF）

模型的拟合度比较结果请见表2-10。如表所示，拟合度最高的最佳模型是模型1（Model 1），这个模型只包括声调的主效应，χ^2

（2）=24.52，$p<0.001$。因而，没有证据表明白语说话人在任一声调中通过变化音域来区分窄焦点和宽焦点。

表2–10　音域作为结果变量：窄焦点（NF-m）vs. 宽焦点（BF）模型拟合度分析一览

模型	N_{pars}	–2 LLR	比较			
^	^	^	模型	$\Delta\chi^2$	Δdf	p
0（仅纳入"说话人"、"句子"作为随机截距）	4	–869.06				
1 + 声调	6	–856.80	0 vs 1	24.52	2	0.000***
2 + 焦点条件	7	–856.80	1 vs 2	0.001	1	0.974
3 + 声调：焦点条件	9	–854.64	2 vs 3	4.318	2	0.115

注："$\Delta\chi^2$"表示的是卡方值的变化，"Δdf"表示的是自由度的变化。

3. 焦点对比度效应：对比焦点（CF-m）vs. 窄焦点（NF-m）

模型的拟合度比较结果请见表2–11。如表所示，拟合度最高的最佳模型是模型1（Model 1），这个模型只包括声调的主效应，χ^2（2）=32.135，$p<0.001$。因而，没有证据表明白语说话人在任一声调中通过变化音域来区分对比焦点和非对比焦点。

表2–11　音域作为结果变量：对比焦点（CF-m）vs. 窄焦点（NF-m）模型拟合度分析一览

模型	N_{pars}	–2 LLR	比较			
^	^	^	模型	$\Delta\chi^2$	Δdf	p
0（仅纳入"说话人"、"句子"作为随机截距）	4	–1026.7				
1 + 声调	6	–1010.6	0 vs 1	32.135	2	0.00***
2 + 焦点条件	7	–1009.9	1 vs 2	1.559	1	0.212
3 + 声调：焦点条件	9	–1009.6	2 vs 3	0.419	2	0.811

注："$\Delta\chi^2$"表示的是卡方值的变化，"Δdf"表示的是自由度的变化。

(四) 音高最大值

1. 焦点效应：焦点 vs. 非焦点

窄焦点vs. 焦点后（NF-m vs. NF-i）。模型的拟合度比较结果请见表2-12。如表所示，拟合度最高的最佳模型是模型1（Model 1），这个模型只包括声调的主效应，$\chi^2(2) = 58.704$，$p < 0.001$。因而，没有证据表明白语说话人在任一声调中通过变化音高最大值来区分窄焦点和焦点后。

表2-12　音高最大值作为结果变量：窄焦点（NF-m）vs.
焦点后（NF-i）模型拟合度分析一览

模型	N_{pars}	-2 LLR	模型	$\Delta\chi^2$	Δdf	p
0（仅纳入"说话人"、"句子"作为随机截距）	4	-1162.5				
1 +声调	6	-1133.2	0 vs 1	58.704	2	0.000***
2 +焦点条件	7	-1133.2	1 vs 2	0.048	1	0.826
3 +声调：焦点条件	9	-1133.0	2 vs 3	0.231	2	0.891

注："$\Delta\chi^2$"表示的是卡方值的变化，"Δdf"表示的是自由度的变化。

窄焦点vs. 焦点前（NF-m vs. NF-f）。模型的拟合度比较结果请见表2-13。如表所示，拟合度最高的最佳模型是模型1（Model 1），这个模型只包括声调的主效应，$\chi^2(2) = 58.829$，$p < 0.001$。因而，没有证据表明白语说话人在任一声调中通过变化音高最大值来区分窄焦点和焦点前。

2. 焦点域效应：窄焦点（NF-m）vs. 宽焦点（BF）

模型的拟合度比较结果请见表2-14。如表所示，拟合度最高的最佳模型是模型1（Model 1），这个模型只包括声调的主效应，$\chi^2(2) = 53.611$，$p < 0.001$。因而，没有证据表明白语说话人在任

一声调中通过变化音高最大值来区分窄焦点和宽焦点。

表2-13　音高最大值作为结果变量：窄焦点（NF-m）vs. 焦点前（NF-f）模型拟合度分析一览

模型	N$_{pars}$	-2 LLR	比较 模型	$\Delta\chi^2$	Δdf	p
0（仅纳入"说话人"、"句子"作为随机截距）	4	-1165.0				
1＋声调	6	-1135.6	0 vs 1	58.829	2	0.000***
2＋焦点条件	7	-1135.4	1 vs 2	0.314	1	0.575
3＋声调：焦点条件	9	-1135.3	2 vs 3	0.205	2	0.903

注："$\Delta\chi^2$"表示的是卡方值的变化，"Δdf"表示的是自由度的变化。

表2-14　音高最大值作为结果变量：窄焦点（NF-m）vs. 宽焦点（BF）模型拟合度分析一览

模型	N$_{pars}$	-2 LLR	比较 模型	$\Delta\chi^2$	Δdf	p
0（仅纳入"说话人"、"句子"作为随机截距）	4	-1047.3				
1＋声调	6	-1020.5	0 vs 1	53.611	2	0.000***
2＋焦点条件	7	-1020.5	1 vs 2	0.004	1	0.953
3＋声调：焦点条件	9	-1020.1	2 vs 3	0.764	2	0.682

注："$\Delta\chi^2$"表示的是卡方值的变化，"Δdf"表示的是自由度的变化。

3. 焦点对比度效应：对比焦点（CF-m）vs. 窄焦点（NF-m）

模型的拟合度比较结果请见表2-15。如表所示，拟合度最高的最佳模型是模型1（Model 1），这个模型只包括声调的主效应，$\chi^2(2)=57.504$，$p<0.001$。因而，没有证据表明白语说话人在任一声调中通过变化音高最大值来区分对比焦点和非对比焦点（即：窄焦点）。

表2-15 音高最大值作为结果变量：对比焦点（CF-m）vs. 窄焦点（NF-m）模型拟合度分析一览

模型	N_{pars}	-2 LLR	比较 模型	$\Delta \chi^2$	Δdf	p
0（仅纳入"说话人"、"句子"作为随机截距）	4	-1176.3				
1＋声调	6	-1147.6	0 vs 1	57.504	2	0.000***
2＋焦点条件	7	-1147.6	1 vs 2	0.008	1	0.931
3＋声调：焦点条件	9	-1147.4	2 vs 3	0.358	2	0.836

注："$\Delta \chi^2$"表示的是卡方值的变化，"Δdf"表示的是自由度的变化。

（五）音高最小值

1. 焦点效应：焦点 vs. 非焦点

窄焦点 vs. 焦点后（NF-m vs. NF-i）。模型的拟合度比较结果请见表2-16。如表所示，拟合度最高的最佳模型是模型1（Model 1），这个模型只包括声调的主效应，$\chi^2 (2) = 64.702, p<0.001$。因而，没有证据表明白语说话人在任一声调中通过变化音高最小值来区分窄焦点和焦点后。

表2-16 音高最小值作为结果变量：窄焦点（NF-m）vs. 焦点后（NF-i）模型拟合度分析一览

模型	N_{pars}	-2 LLR	比较 模型	$\Delta \chi^2$	Δdf	p
0（仅纳入"说话人"、"句子"作为随机截距）	4	-1159.4				
1＋声调	6	-1127.0	0 vs 1	64.702	2	0.000***
2＋焦点条件	7	-1127.0	1 vs 2	0.002	1	0.964
3＋声调：焦点条件	9	-1126.8	2 vs 3	0.329	2	0.848

注："$\Delta \chi^2$"表示的是卡方值的变化，"Δdf"表示的是自由度的变化。

窄焦点 vs. 焦点前（NF-m vs. NF-f）。模型的拟合度比较结果请见表2-17。如表所示，拟合度最高的最佳模型是模型1（Model 1），这个模型只包括声调的主效应，$\chi^2(2) = 64.233$，$p < 0.001$。因而，没有证据表明白语说话人在任一声调中通过变化音高最小值来区分窄焦点和焦点前。

表2-17　音高最小值作为结果变量：窄焦点（NF-m）vs. 焦点前（NF-f）模型拟合度分析一览

模型	N_{pars}	-2 LLR	比较			
			模型	$\Delta\chi^2$	Δdf	p
0（仅纳入"说话人"、"句子"作为随机截距）	4	-1150.3				
1 + 声调	6	-1118.2	0 vs 1	64.233	2	0.000***
2 + 焦点条件	7	-1118.2	1 vs 2	0.029	1	0.866
3 + 声调：焦点条件	9	-1117.8	2 vs 3	0.759	2	0.684

注："$\Delta\chi^2$"表示的是卡方值的变化，"Δdf"表示的是自由度的变化。

2. 焦点域效应：窄焦点（NF-m）vs. 宽焦点（BF）

模型的拟合度比较结果请见表2-18。如表所示，拟合度最高的最佳模型是模型1（Model 1），这个模型只包括声调的主效应，$\chi^2(2) = 61.667$，$p < 0.001$。因而，没有证据表明白语母语者在任一声调中通过变化音高最小值来区分窄焦点和宽焦点。

表2-18　音高最小值作为结果变量：窄焦点（NF-m）vs. 宽焦点（BF）模型拟合度分析一览

模型	N_{pars}	-2 LLR	比较			
			模型	$\Delta\chi^2$	Δdf	p
0（仅纳入"说话人"、"句子"作为随机截距）	4	-1036.9				
1 + 声调	6	-1006.1	0 vs 1	61.667	2	0.000***

续表

模型	N_{pars}	−2 LLR	比较			
			模型	$\Delta\chi^2$	Δdf	p
2 + 焦点条件	7	−1006.1	1 vs 2	0.087	1	0.769
3 + 声调:焦点条件	9	−1005.8	2 vs 3	0.506	2	0.776

注:"$\Delta\chi^2$"表示的是卡方值的变化,"Δdf"表示的是自由度的变化。

3. 焦点对比度效应:对比焦点(CF-m) vs. 窄焦点(NF-m)

模型的拟合度比较结果请见表 2–19。如表所示,拟合度最高的最佳模型是模型 1(Model 1),这个模型只包括声调的主效应,$\chi^2(2) = 61.649$,$p < 0.001$。因而,没有证据表明白语说话人在任一声调中通过变化音高最小值来区分对比焦点和非对比焦点。

表 2–19　音高最小值作为结果变量:对比焦点(CF-m) vs.
窄焦点(NF-m) 模型拟合度分析一览

模型	N_{pars}	−2 LLR	比较			
			模型	$\Delta\chi^2$	Δdf	p
0(仅纳入"说话人"、"句子"作为随机截距)	4	−1154.1				
1 + 声调	6	−1123.2	0 vs 1	61.649	2	0.000***
2 + 焦点条件	7	−1123.2	1 vs 2	0.006	1	0.939
3 + 声调:焦点条件	9	−1122.8	2 vs 3	0.916	2	0.633

注:"$\Delta\chi^2$"表示的是卡方值的变化,"Δdf"表示的是自由度的变化。

(六)小结

本实验结果表明:(近乎)白语单语者在所有声调中只使用时长变化来区分窄焦点和非焦点。具体说来,在窄焦点中,无论是什么声调,作为焦点成分的时长比其在焦点后条件下的时长要长。然而,无论是什么声调,时长的变化并不用于区分窄焦点和焦点前。另外,研究结果表明:(近乎)白语单语者无论在什么声调中,都不通过变化时长来区分焦点域和对比度存在差异的不同焦点类型。就使用音高相关的韵律参数而言，白语者无论在什么声调中，都不通过变化音高相关的韵律参数来区分窄焦点和非焦点（焦点前或焦点后），或区分焦点域和对比度存在差异的不同焦点类型。

五 结论与讨论

本研究采用实验法，探索了白语———一种在中国西南使用的声调语言——韵律焦点的编码。研究结果表明：在白语中，焦点通过时长变化来实现韵律编码。具体说来，焦点成分和与其在焦点后条件中的时长相比，（近乎）白语单语者通过延长焦点成分的时长来编码焦点，这一编码手段与标准汉语说话人类似（Ouyang & Kaiser, 2015；Xu, 1999；Yang, 2017；Yang & Chen, 2014）。然而，和标准汉语说话人不同的是，白语说话人并不通过音高变化来编码焦点。另外，白语说话人并不通过时长变化来编码焦点域和对比度存在差异的不同焦点类型，这一表现与标准汉语说话人不同（Ouyang & Kaiser, 2015；Xu, 1999；Yang & Chen, 2014），标准汉语说话人运用时长变化来区分焦点域存在差异的焦点类型。本研究结果显示：白语使用韵律来编码焦点。不过，和标准汉语相比，白语使用韵律来编码焦点的程度较低。和此相关的是，白语同样采用语序和形态词法标记来区分焦点信息和非焦点信息或主题信息。具体说来，白语的常态语序是 SVO，但是在凸显宾语的话题地位时，会使用 OSV 语序。另外，主语的话题地位可以选择性地通过话题标记词，比如"nɯ^{55}"和"lɯ^{44}"来标记（赵燕珍，2009）。白语中这些通过非韵律手段来编码焦点的现象也许能解释其较低程度地使用韵律来编码焦点的表现。虽然在人类语言中，焦点编码的多重手段并存并不一定妨碍韵律作为编码焦点的一种手段（Chen, Lee & Pan, 2016; Gussenhoven, 2007; Michaud & Brunelle, 2016），不同语言使用编码手段到何种程度却是存在差异的。比如，一些语言使用韵律手段编码焦点要比其使用非韵律手段编码焦点的程度更深，像荷兰语和德语（Chen, 2009; Frey, 2006）。但是，其他语言使用非韵律手段编码焦点和其使用韵律手段编码焦点的程度不相上下，像芬兰语和土耳其语（Arnhold, Chen & Järvikivi, 2016; Işsever, 2003）。因此，白语可视为是一种使用非韵律手段编码焦点要比其使用韵律手段编码焦点程度更深的语言。

综合考虑已有对于拥有不同声调数量声调语言的研究，比如对彝语、标准汉语和广东粤语（Jannedy, 2007; Wang et al., 2011; Wu & Xu, 2010; Xu, 1999; Yang, 2017）的研究，笔者认为韵律焦点编码和声调语言的声调数量之间并不存在对应关系。具体说来，如前文所回顾并梳理的，彝语和标准汉语在声调数量上具有相似性——两种语言都拥有同等数量的声调（4个声调）。然而，就韵律编码而言，标准汉语不同于彝语的地方在于，标准汉语不仅使用音高，还使用时长来编码焦点（Wang et al., 2011; Xu, 1999; Yang, 2017）。与此相类似的是，尽管广东粤语和越南语都拥有相对来说较多的声调数量（即：6个声调），越南语使用音高和时长来编码焦点，而广东粤语却只使用时长来编码焦点（Jannedy, 2007, 2008; Wu & Xu, 2010）。另外，本研究的结果证实了关于白语在使用韵律进行焦点编码方面和标准汉语存在差异。当前的研究结果可以表明：尽管白语和汉语处在长期的、密切的语言接触中，且白语的词汇、句法方面均已显现出其受到汉语的影响，但是白语在韵律编码方面似乎并未受到汉语的影响。因而，就非权威语言的韵律焦点编码方式是否容

第二章 白语的韵律焦点编码

易受到权威语言的韵律焦点编码方式的影响而言，白语和彝语、德昂语、台湾闽南语和回辉话的情况都很类似。本研究在方法论上提供了一些启示。不少研究采用朗读文本的形式，要求发音人重复地产出同样的语句来收集语料，有学者对这样的方式是否具有代表性提出了质疑（Chen et al.，2014）。此外，众所周知，在半自然语料中决定信息结构是非常困难的。本研究所采用的研究方法保证了对信息结构的控制，确保了选词的一致性，也保障了所引导出的语料与朗读语料相比，根本上更具有日常交际用语的代表性。更为重要的是，当前研究所使用的方法并不基于文本而是基于图片。因而，当前研究所采用的研究方法[①]对于调查无书写系统或民族语言文字系统推广欠佳的少数民族语言而言，具有较高的适用性。

最后，本研究建议两个在未来研究中值得深入的话题。第一，白语和汉语处在长达数世纪的语言接触当中（Hefright，2011），这一接触历史导致了白语中大量的汉语借词，且白语的语法结构也受到了汉语语法结构较深的影响。然而，尽管受到汉语词汇和语法的影响，白语在韵律焦点编码方面似乎并未受到汉语的影响。综合已有对彝语、德昂语和回辉话的研究（Wang et al.，2012，2011），一个可供未来进行探索的有趣假设是：韵律焦点编码的方式也许并不容易在语言接触中发生变化。第二，考虑到白语中的方言差异，白语各方言的韵律焦点编码的方式是否具有相似性仍有待考察。未来对白语北部方言的考察可以对这一问题提供答案。

[①] 对此研究方法感兴趣的读者，可以查看网站：www.prosodicdevelopment.com 以了解更多关于此研究方法用于其他语言的情况。另外，还可从此网站上下载此方法用于其他语言研究的图片。

第三章 大理方言的韵律焦点编码[①]

摘要：本研究考察大理方言中的韵律焦点编码。大理方言是一种主要在中国云南省大理白族自治州州府——大理市使用的一种西南官话。大理方言作为汉语的一种地域变体，与白语——一种藏缅语族的声调语言——处在长期、密切的语言接触中。本研究通过采用语音实验的手段，在半自然语境下，引导（近乎）大理方言单语者产出处于不同焦点条件下的主—谓—宾句。实验结果显示，与非焦点成分相比，大理方言说话人通过延长焦点成分的时长来编码焦点。然而，他们并未通过时长变化来区分焦点域和对比度存在差异的不同焦点类型。另外，大理方言说话人既未通过音高变化来编码焦点，也未通过音高变化来区分焦点域和对比度存在差异的不同焦点类型。以上研究结果表明，大理方言说话人只使用时长来编码韵律焦点，这一焦点编码方式区别于标准汉语，却和白语类似。

关键词：韵律 焦点 大理方言

---

① 本研究的部分研究前期结果曾在第五届语言声调研究论坛（The 5th International Symposium on Tonal Aspects of Language）上发表（Liu, Van de Velde & Chen, 2016）。

第三章 大理方言的韵律焦点编码

一 引言

对于特定语言或方言韵律焦点实现方式的考察是近年来学界的研究热点之一。比如，一系列的研究考察了不同汉语方言在韵律焦点实现方式上的共性和差异，包括南昌话（赣语）（Wang et al.，2011），兰州话（Wang et al.，2011），济南、聊城、淄博话（段文君等，2013），大连、哈尔滨、天津和西安话（Duan & Jia，2014）。总的来说，研究表明众多汉语地域变体和标准汉语在韵律焦点编码的方式上存在相似性。然而，部分研究考察了一些和非汉语毗邻的汉语方言，却发现这些汉语方言韵律焦点编码的方式却区别于标准汉语（Chen et al.，2009；Xu et al.，2012）。在此研究背景下，本研究考察大理方言的韵律焦点编码。大理方言是汉语的一种地域变体，和藏缅语族、声调语言——白语处在长期、密切的语言接触中。

（一）焦点和韵律焦点编码

焦点和多个概念相关联（Gundel，1999；Gussenhoven，2008；Halliday，1967a）。在本研究中，焦点指的是一句话中对于听话人来说的新信息（Gundel，1999；Lambrecht，1994）。焦点可根据焦点成分所辖的焦点域和焦点成分所表达意义的对比度分为不同的类型。比如，焦点成分的辖域可以是一个词，即窄焦点（narrow focus）；也可以是一个比词大的句法成分（比如一个短语）或者是一个完整的句子，即宽焦点（broad focus）。焦点也可根据其表达意义的对比来分类，比如对比焦点和非对比焦点。对比焦点（contrastive focus）指的是焦点成分所携带的信息是对前文所提及信息作出的更正或直接对比（Chafe，1976）。

通过对多种语言韵律焦点编码方式的考察，学者们发现：音高和时长是用来编码韵律焦点的主要声学参数（Chen, 2009; Cooper et al., 1985; De Jong, 1980; Xu, 1999）。然而，在不同语言中，音高和时长的运用是存在语言特性的（Chen, 2009; Cooper et al., 1985; Jannedy, 2007; Rump & Collier, 1996; Wang et al., 2011; Wu & Xu, 2010; Xu, 1999; Xu & Xu, 2005）。比如，在标准汉语（Xu, 1999; Yang & Chen, 2014）、越南语（Jannedy, 2007）、英语（Cooper et al., 1985; Xu & Xu, 2005）、荷兰语（Chen, 2009; Rump & Collier, 1996）、德语（Baumann et al., 2007）和芬兰语（Arnhold, 2016）中，时长和音高均是编码韵律焦点的重要韵律参数。但是，在另外一些语言中，却只有时长是韵律焦点编码的主要参数，比如粤语（Wu & Xu, 2010）、白语（本书第二章）和德昂语（Wang et al., 2011）。

（二）大理地区的语言：大理方言和白语

大理方言，属于西南官话，是在大理市下关——中国云南省大理白族自治州州府所使用的一种汉语地域变体。标准汉语"广泛使用于科学和技术领域，因而在中国享有'国家通用语'（a national lingua franca）的合法地位，是这个国家里最有权威的语言"（Li, 2015: 191）。大理方言的音系系统和标准汉语类似（李琳, 2009; 吴积才 & 张萧, 1988）。根据在本研究开展之前最近一次的国家普查结果（大理白族自治州地方志编纂委员会办公室, 2011）显示：大理地区绝大多数的居民是白族（68%）和汉族（26%）。在大理地区，白语、大理方言和标准汉语都被广泛地使用。白语，一种藏缅语族的声调语言，主要为白族所使用。在当前的大理地区，尤其是大理市，大理方言主要为汉族所使用。所有的白语者都是将大理方言和/或标准汉语作为第二语言的双语者。但是，却有很多生活在大理市城区（即：下关）的大理方言说话人对白语知之甚少。

根据吴积才、张茀（1988）的描写，大理方言音系中有 19 个辅音音位，包括：/pʰ, p, tʰ, t, kʰ, k, tsʰ, ts, tɕʰ, tɕ, m, n, ŋ, f, v, s, z, ç, x/。其中，软腭鼻音/ŋ/只出现在较为年长的大理方言说话人中。另外，大理方言有 8 个元音音位：/ɿ, i, u, y, ɐ, ʌ, o, e/，4 个鼻化元音：/Ã, ɔ̃, Ĩ, ɛ̃/，22 个复合元音：/Ai, e, aI, əu, oŋ, iA, io, iɛ, iu, iaɔ, iəu, iɛ̃, iÃ, ioŋ, uAI, ue, uA, ueI, uA, yɛ, yɔ̃, y (n)/。大理方言有 4 个声调，包括高平调（Tone 44），中降调（Tone 31），高降调（Tone 53）和低降升调（Tone 213）。大理方言的声调系统和标准汉语的声调系统类似（李琳，2009；吴积才 & 张茀，1988）。具体说来，大理方言中的高平调（Tone 44）对应于标准汉语的高平调 Tone 1（调值为 55）；大理方言中的中降调（Tone 31）对应于标准汉语的中升调 Tone 2（调值为 35）；大理方言中的高降调（Tone 53）对应于标准汉语的低降升调 Tone 3（调值为 214）；而大理方言中的低降升调（Tone 213）对应于标准汉语的高降调 Tone 4（调值为 53）。

尽管标准汉语在中国的大规模推广始于 20 世纪 50 年代，但是白语和汉语之间密切的语言接触在大理地区已经长达数个世纪（Allen, 2004；Hefright, 2011；Wang, 2004；Wiersma, 2005）。随着唐代（618 – 907 AD）的"中国融合"，白语使用地区成为了中国的一部分。白族和汉族[①]之间密切的接触，以及他们所操的语言——白语

[①] 虽然"白族"和"汉族"的名称是在中华人民共和国成立后、在"民族识别"中才确立的，但本研究暂用"白族"和"汉族"来分别指代在民族识别前就一直使用白语的族群和使用汉语的族群。

和汉语——之间的密切接触在此之后一直到1949年中华人民共和国成立后，还持续进行着。正是由于白语和汉语之间长期且密切的接触，汉语对白语的影响至深，导致了至今学界对于白语的系属问题仍处于争议之中（Hefright，2011；Wang，2004，2005；赵衍荪 & 徐琳，1996）。然而，仅有个别已有研究对白汉双语者所产出的带有白语口音的汉语进行了观察（李义祝，2012：67-68）。

（三）当前研究

在本研究中，笔者探究了在日常生活中主要使用大理方言、自我认同为母语者的，（近乎）大理方言单语者的韵律焦点产出。在进一步深入到本研究的实验细节前，笔者将本研究的研究背景——白语和标准汉语的韵律焦点编码研究梳理如下：

白语，作为在大理地区广泛使用的少数民族语言，只使用时长来编码焦点（第二章）。已有对白语的研究发现：同一句子成分是窄焦点成分时的时长比其是焦点后成分的时长要长。然而，比较同一成分在焦点前条件下的时长，研究发现焦点成分的时长既没有延长，也没有缩短。另外，白语中并未通过变化音高相关的韵律参数——包括音域、音高最大值、音高最小值——来区分焦点域和对比度存在差异的不同焦点类型。

和白语不同的是，在标准汉语中，焦点通过音高和时长变化来编码（Chen，2010；Chen & Gussenhoven，2008；Ouyang & Kaiser，2015；Xu，1999；Yang，2017；Yang & Chen，2014）。就使用韵律参数来编码焦点而言，与非焦点成分相比，标准汉语中焦点成分的音域和时长，都呈现了扩展和延长（Yang，2017；Yang & Chen，2017）。另外，在宽焦点条件下，焦点后成分和非焦点成分相比，焦点成分的音域压缩（Xu，1999）。就使用韵律参数来编码存在焦点域差异的不同焦点类型而言，在标准汉语的朗读语料中，窄焦点条件下的焦点成分音域扩展、时长延长（Xu，1999）。然而，在半自然语料中，窄焦点和宽焦点相比，只有焦点成分的时长延长了，音高并未表现出任何变化（Yang，2017；Yang & Chen，2014）。就使用韵律参数来编码对比度存在差异的不同焦点类型而言，在标准汉语的朗读语料中，和非焦点条件相比，对比焦点条件中的焦点成分音域扩展、时长延长（Chen & Gussenhoven，2008）。然而，在半自然语料中，对比焦点和宽焦点相比，无论是音域还是时长均未表现出任何变化（Yang，2017；Yang & Chen，2017）。

　　已有研究发现众多汉语方言使用音高和时长来编码焦点的方式和标准汉语类似，比如南昌话（赣方言）（Wang et al.，2011）、兰州话（Shen & Xu，2016）、济南话、聊城话、淄博话（段文君，贾媛 & 冉启斌，2013）、大连话、哈尔滨话、天津话和西安话（Duan & Jia，2014）。具体说来，上述汉语地域变体的说话人要么是通过提高焦点成分的平均音高，要么是通过扩展焦点成分的音域来编码焦点。另外，在上述提及的汉语地域变体中，焦点后成分音域压缩的情况也被广泛而系统地观察到了。不过，在不同的汉语地域变体中，却存在对于时长使用上的差异。比如，在兰银官话（一种在兰州使用的汉语地域变体）中，研究者只在句中位置的焦点成分上观察到时长的变化（Shen & Xu，2016）。段文君等（2013）发现在济南、聊城和淄博使用的汉语地域变体中，焦点成分的音节时长与其是非焦点成分相比，并不存在可见的差异。另外，段文君等（2014）也发现在大连、哈尔滨、济南、天津和西安话里，焦点成分和非焦点成分相比，其音节时长并未呈现系统性的变化。尽管存在时长使用上的差异，毋庸置疑的是，在多个汉语地域变体和标准汉语中，音高在韵律焦点编码上都扮演了极其重要的角色。

但是，已有研究发现对于处在与非汉语变体接触的语言环境中的汉语变体而言，其韵律焦点编码方式和标准汉语是存在差异的。比如，Xu et al.（2012）探究了和标准汉语、台湾闽南语相比，台湾普通话韵律焦点编码的特点。台湾普通话，主要使用在台湾，近几十年来处在和台湾闽南语较为密切的语言接触中（Chen et al., 2009）。已有研究表明就韵律焦点编码的方式而言，比起标准汉语来，台湾普通话和台湾闽南语更相似。具体说来，台湾普通话的单语者不仅通过扩展焦点成分的音域，而且延长时长来编码焦点，这一编码方式和标准汉语、台湾闽南语一致。但是，无论是台湾普通话说话人还是台湾闽南语说话人产出焦点后成分时并不压缩其音域，而焦点后音域压缩是标准汉语说话人产出中较为明显的韵律焦点编码特征。因而，台湾普通话和标准汉语之间的差异被归因于台湾普通话和台湾闽南语之间的密切接触。

根据对台湾普通话（Xu et al., 2012）这样处在与非汉语毗邻环境中的汉语变体的研究，研究者们发现这些汉语变体存在区别于标准汉语的韵律编码方式；再考虑到大理方言长期和白语处在密切接触中，本研究假设大理方言采用和白语类似的方式来编码韵律焦点。在此假设之下，本研究预设：相对于非焦点成分，（近乎）大理方言单语者将延长焦点成分的时长来编码窄焦点。另外，他们将和白语者类似，既不通过变化音高相关的韵律参数来编码窄焦点，也不通过变化时长来编码焦点域存在差异的不同焦点类型。

第三章 大理方言的韵律焦点编码

二 研究方法

（一）图片配对游戏

为了保证本研究的实验数据和当前学界仅有的针对标准汉语半自然语料研究之间的可比性，本研究采用并发展了 Yang & Chen （2014，2017）和 Yang（2017）中所采用的"图片配对游戏"实验范式。在实验开始前，参与本研究的发音人被告知所使用的"图片配对游戏"设计初衷是考虑到儿童被试的参与，因而对于成人而言，任务可能较为简单。

在图片配对游戏中，一共使用了三组图片。在实验过程中，实验员和发音人每人手持一组已事先安排好顺序的图片，第三组图片散落在实验操作的桌子上。在实验员的图片中（第一组），总有一些信息是缺失的，比如：主语、动作、宾语，或者三者都缺失。发音人的图片（第二组）包含某个完整的事件。发音人的任务是帮助实验员将第一组（实验员的图片）和第三组（散落在桌子上的图片）中的图片挑选出来并配成一对。现以位于句中位置的动词成分是窄焦点（NF-m condition）作为范例，来介绍实验过程。第一步，实验员从她手里的图片中拿出一张（比如：一只狗和一个球），通过说："看！小狗，还有球。看起来有小狗要弄球。"来将发音人的注意力集中到图片上并同时描绘图片上的内容。在问问题之前进行这样的操作是为了保证图片上的实体对于发音人来说，是已知信息（given）。第二步，实验员针对这张图片问一个问题（比如："小狗怎么弄球？"）。第三步，发音人从他/她的图片中翻开一张来，并仔细进行观察。第四步，实验员重复问题，发音人根据其图片回答问题（例如："小狗［扔］球。"）最后，实验员从第三组图片中找出带有缺失信息的图片来,并将图片配成对。游戏的规则是,发音人被要求产出完整的句子,并且不能将其手里的图片展示给实验员。为了保证发音人对于词汇选择的前后一致性,图片配对游戏开始之前会先进行一个图片命名游戏。这个图片命名游戏的设计是为了让发音人熟悉在游戏中出现的目标词汇和图片中出现的实体。

(二) 实验材料

通过图片游戏来引导出五个不同焦点条件下的 SVO 句,包括:位于句首的名词性主语是窄焦点(NF-i),位于句中的动词是窄焦点(NF-m),位于句末的名词性宾语是窄焦点(NF-f),宽焦点(BF)和位于句中的动词是对比焦点(CF-m)。焦点条件主要是由一个特殊疑问句或者是由实验员说出的陈述句来搭建,放在方括号里的是焦点成分,请见例(1)到(5)。

(1) 实验员:看!图片一片模糊。我什么也看不清。图片上画了什么?

   发音人:[小熊扔球]。

   (BF:宽焦点 broad focus)

(2) 实验员:看!球。还有一只挥舞着的胳膊。看起来有小动物扔球。谁扔球?

   发音人:[小熊] 扔球。

   (NF-i:位于句首主语位置的窄焦点 narrow focus on the subject)

(3) 实验员:看!小狗,还有球。看起来有小狗要弄球。小狗怎么弄球?

   发音人:小狗 [扔] 球。

   (NF-m:位于句中动词位置的窄焦点 narrow focus on the verb)

（4）实验员：看！小兔。小兔的胳膊挥出去了。看起来小兔扔东西。小兔扔什么？

发音人：小兔扔［**球**］。

（NF-f：位于句末宾语位置的窄焦点 narrow focus on the object）

（5）实验员：看！小猫和球。看起来小猫在弄球。我猜，小猫剪球。

发音人：小猫［**扔**］球。

（CF-m：位于动词位置的对比焦点 contrastive focus on the verb）

实验用的 SVO 句的构建保证了每一个句子都是唯一的名词主语和谓词结构（动词 + 名词宾语）的组合。大理方言中的四个声调（即：高平调/Tone 44，中降调/Tone 31，高降调/Tone 53，低降升调/Tone 213）都出现在了名词性短语主语、动词和名词性短语宾语中。4 个单音节动词和 4 个单音词名词性宾语组合成 16 个谓词性短语，这些谓词性短语均出现在每一个焦点条件中（焦点条件 = 5）。这样就组合成了 80 个谓词性短语。然后，这 80 个谓词性短语依次循环分配与 4 个名词性短语主语组合。其中，4 个名词性短语主语均以 "/ɕiao^{53}/（小）" 开始，并跟随着 4 个带有不同声调的单音节词。这样的组合过后，最终得到的是 80 个 SVO 目标句。对于组成目标句的选词，请参见表 3 – 1。

表 3 – 1　　SVO 目标句选词一览（每个词均用汉字、IPA 和英译标示）

	主语	动词	宾语
高平调/Tone44	小猫 ɕiao^{53} mɔ cat（little cat）	扔 zɔ̃^{44} throw	书 su^{44} book

续表

	主语	动词	宾语
中降调/Tone31	小熊	埋	球
	ɕiao⁵³ ɕioŋ³¹	mʌi³¹	tɕʰiəu³¹
	bear (little bear)	bury	ball
高降调/Tone53	小狗	剪	笔
	ɕiao⁵³ kəu⁵³	tɕi₃⁵³	pi⁵³
	dog (little dog)	cut	pen
低降升调/Tone 213	小兔	运	菜
	ɕiao⁵³ tʰu²¹³	yn²¹³	tsʰɜ̃i²¹³
	rabbit (little rabbit)	transport	vegetable

（三）实验对象和实验过程

6 位（近乎）大理方言单语者（3 位男性和 3 位女性，年龄范围：28 岁至 54 岁；平均年龄：34 岁；标准差 = 10.1）参与了本研究。发音人在日常生活中主要使用大理方言，并认同自己为大理方言的母语者。所有发音人均在 6 岁左右习得标准汉语作为第二语言（发音人的具体信息请见附件 D）。所有的发音人都满足下列条件：(1) 日常使用大理方言，且自我估计的日常使用超过 60%；(2) 从测试时点往前推的十年内并未在非大理方言地区长期生活过；(3) 未存在日常的、活跃地、长时期地使用白语或者其他语言的情况；(4) 无自我报告的说话或听力障碍。

一位女性大理方言母语者担任本实验的实验员（年龄 = 27 岁）。实验员只说大理方言，并一一对发音人进行单独测试。实验分为两个部分，每个部分包括 40 个实验测试段。为了避免发音人疲劳或注意力涣散，每个部分的实验结束后会暂停，并让发音人适当休息。一位发音人完成一个部分的实验大约需 20 分钟至 25 分钟。所有的实验都在中国大理白族自治州大理市下关某发音人家中或实验员家中的一个安静房间中进行。实验采用便携式 ZOOM H1 录音机来进行录制工作，采样率为 44.1kHz，1.6 比特。为了将来的训练目的，实验全程也进行了影像记录。

（四）语音标注

首先，采用音标和字符对实验所收集的语料进行转写和标注。如果发音人回答的句子符合下列筛选条件之一就将被排除在分析之外：(1) 并不是对目标问题的答案；(2) 包含自我纠正；(3) 回答显示出犹豫（定义为在发音人作出回答之前发出的长"嗯"声）；(4) 在回答句中，就词或者语序的选择偏离目标句。经过筛选，在所有获取的语料中，92% 的回答句（n = 440）被纳入到下一步的分析中。

动词是本研究的韵律分析目标。动词在窄焦点（NF-m）、宽焦点（BF）和对比焦点（CF-m）条件中是焦点成分，在句首窄焦点（NF-i）条件中是焦点后成分，在句末窄焦点（NF-f）条件中是焦点前成分。本研究采用 Praat 语音分析软件（Boersma & Weenink，2006）进行语音分析，根据声波图、宽带频谱图、音高线和听觉感知（Turk，Nakai & Sugahara，2006）来对动词进行声学标注。两个音高相关和两个音段相关的标注点分别被插入到每一个动词的标注中：音高最大值、音高最小值、词起点、词终点。具体的语音标注如图 3-1 所示。

根据前人研究（Xu，1999；Xu & Wang，2001；Yang & Chen，2017），本研究在插入音高最大值和音高最小值的标注时，将大理方言中各声调不同的声调目标也考虑在内。具体说来，Tone 44 是高平

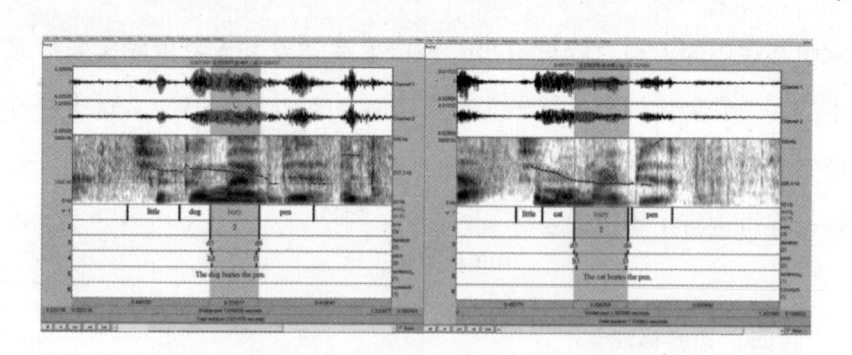

图 3-1　窄焦点条件下动词的音高曲线（单位：Hz）vs.
对比焦点条件下动词的音高曲线（单位：Hz）

调，在语流中出现时，其音高曲线呈现轻微上扬；在句中位置出现时，其音高曲线偶尔会呈现出轻微下降，和 Xu（1997）和 Yang & Chen（2014）描述的标准汉语中的对应调类表现一致。在 Tone 44 音节中，出现轻微上扬音高曲线时，音高最大值取值点在音高最小值取值点之后；而在出现轻微下降音高曲线时，音高最大值取值点在音高最小值取值点之前。Tone 31 是降调，但是笔者观察到 Tone 31 在句中位置出现时，其音高曲线呈现先升后降。这一表现与 Xu（1997）和 Yang & Chen（2017）在标准汉语中发现的、和大理方言 Tone 31 调类对应的声调（Tone 4）呈现状态一致。考虑到 Tone 31 在语流中呈现的上升段易受前调的影响，且下降段才包含了 Tone 31 的声调目标，所以笔者在进行标注时，对 Tone 31 的取值主要在下降段中进行，且音高最大值的取值点在音高最小值的取值点之前。Tone 53 也是降调，但是笔者观察到 Tone 53——在单字调中的调型是降调。然而，在连读音节（即在不同声调环境中），会实现为升调（66%，n = 72）或降调（34%，n = 37）（总样本 = 109）。在实现为升调的 Tone 53 中，笔者将音高最大值的取值点取在音高最小值的取值点之后；在实现为降调的 Tone 53 中，笔者将音高最大值的取值点取在音高最小值的取值点之前。就 Tone 213 而已，笔者观察到 Tone 213 总是实现为低降调，实际调值可以标记为 Tone 21，而非 Tone 213。因此，在 Tone 213 中，音高最大值的取值点取在音高最小值的取值点之前；为了保证和已有研究的一致性，下文仍使用 Tone 213 来指代此声调。

本研究采用自编写的 Praat 脚本对音高相关取值点的音高值（赫兹/Hz）和音段相关取值点的时间值（秒/m）进行自动抽取。每一个动词的四个声学参数被抽取出来，包括：音高最大值、音高最小值、音域（即：音高最大值和音高最小值之间的差值）、词的时长。在所有符合筛选条件的回答句中，无法从 25 个句子（占所筛选回答句的 6%）中获取可靠的音高信息。因而，这些回答句被排除在和音高相关的测量和分析中。

三　统计分析和结果

（一）统计分析

为了探究焦点的作用，笔者比较了动词是焦点成分和非焦点成分的测量数据。也就是，NF-m 条件（动词是焦点成分）vs. NF-i 条件（动词是焦点后成分），NF-m 条件（动词是焦点成分）vs. NF-f 条件（动词是焦点前成分）；为了考察焦点域存在差异的不同焦点类型，笔者比较了动词在窄焦点条件（NF-m）和宽焦点条件（BF）下的测量数据；为了考察对比度存在差异的不同焦点类型，笔者比较了动词在对比焦点条件（CF-m）和非对比焦点条件（即：窄焦点条件 NF-m）下的测量数据。

笔者采用了 R 软件（R Core Team，2014）中的"lme4"程序包

(Bates, Mächler, Bolker & Walker, 2015) 和 "ImerTest" 程序包 (Kuznetsova, Brockhoff & Christensen, 2013) 来运行线性混合效应模型。在所有搭建的统计模型中，纳入"声调 (tone)"和"焦点条件 (focus condition)"作为固定变量 (fixed factors)，"说话人（即：发音人）"和"句子（即：回答句）"作为随机变量 (random factors)。在上述列出的四组对比中，"焦点条件"有两个层级（即当前研究问题感兴趣的两种焦点条件），"声调"指的是目标动词的不同声调，包括四个层级（即：高平调/Tone 44、中降调/Tone 31、高降调/Tone 53、低降升调/Tone 21）。结果变量/因变量是动词的时长、音域、音高最大值和音高最小值。

参考 Field, Miles & Field (2012) 和 Magezi (2015)，本研究采用逐步构建和检验的多层级建模方式。具体说来，搭建模型从只含有截距的截距模型 (Intercept-only model) 出发，逐次添加新的变量构建数据模型。然后，通过似然比检验 (Likelihood-ratio test) 系统地将只区别于一个新增变量的不同模型进行比较。比较结果中反映出的新增变量的卡方值 (χ^2)、自由度 (Degrees of freedom) 和 p 值 (p-value) 将会被汇报出来。如果 p 值小于 0.05，则说明新增变量在统计学意义上显著地提升了所构建模型的拟合度。模型搭建的具体步骤请见表 3-2。

表 3-2　　　　　　　　　　模型搭建步骤一览

模型	新增变量
模型 0（Model 0）	仅纳入"说话人"、"句子"作为随机截距
模型 1（Model 1）	+声调
模型 2（Model 2）	+焦点条件
模型 3（Model 3）	+声调：焦点条件

进行模型搭建时，只有在统计学意义上能显著提高模型拟合度的变量和交互效应才能被逐层保留，直至达到拟合度最高的最佳模型。当拟合度最高的最佳模型建立后，本研究只归纳和理解最佳模型。对于每一个分析，本研究首先汇报模型比较的结果，然后汇报最佳模型的参数估计值。鉴于本研究主要关注的是在结果变量/因变量中焦点的作用，在下文的分析中，涉及焦点的主效应和交互效应将作为重点进行阐释。然而，本研究对其他因素所产生的主效应和交互效应的细节不作进一步讨论。

（二）时长

1. 焦点效应：焦点 vs. 非焦点

窄焦点 vs. 焦点后（NF-m vs. NF-i）。测试焦点（焦点 vs. 焦点后）在时长上表现的模型搭建细节请见表3–2。模型的拟合度比较结果请见表3–3。如表所示，拟合度最高的最佳模型只包括焦点条件的主效应，$\chi^2(1) = 5.376$，$p < 0.05$。最佳模型的具体参数估计值请见表3–4。具体说来，焦点条件的主效应表现为：在任一声调中，当动词在窄焦点条件中是焦点成分时（226.1 ms，SD = 44.8），时长比其是焦点后成分时（213.2 ms，SD = 30.5），显著要长（$b = 14.653$，$df = 30.362$，$t = 2.405$，$p < 0.05$），如图3–2所示。

表3–3　　　　时长作为结果变量：窄焦点（NF-m）vs.

焦点后（NF-i）模型拟合度分析一览

模型	N_{pars}	−2 LLR	比较			
			模型	$\Delta\chi^2$	Δdf	p
0（仅纳入"说话人"、"句子"作为随机截距）	4	−860.83				
1 + 声调	7	−860.62	0 vs 1	0.418	3	0.937

续表

模型	N$_{pars}$	−2 LLR	比较			
			模型	$\Delta\chi^2$	Δdf	p
2 + 焦点条件	8	−857.93	1 vs 2	5.376	1	0.020*
3 + 声调：焦点条件	11	−857.82	2 vs 3	0.223	3	0.974

注："$\Delta\chi^2$"表示的是卡方值的变化，"Δdf"表示的是自由度的变化。

表 3−4　时长，窄焦点（NF-m）vs. 焦点后（NF-i），最佳模型的参数估计值一览

	Estimate	SE	df	t value	Pr（>｜t｜）
固定变量					
截距（Intercept）	213.109	11.095	7.673	19.207	0.000***
窄焦点（Narrow focus）	14.653	6.092	30.362	2.405	0.023*
随机变量	名称	S^2	SE		
句子（Sentence）	Intercept	179.7	13.41		
发音人（Speaker）	Intercept	628.6	25.07		
余值（Residual）		648.8	25.47		

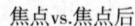

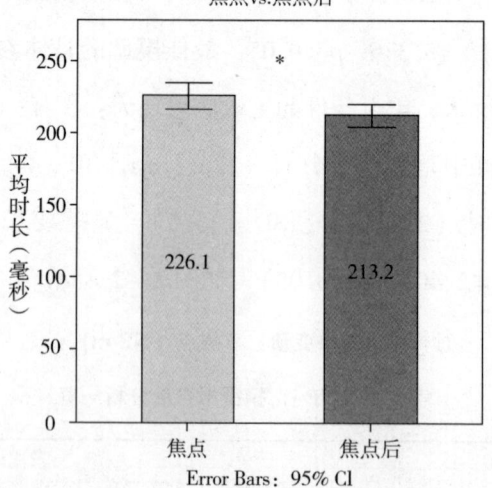

图 3−2　焦点成分的平均时长（毫秒）vs. 焦点后成分的平均时长（毫秒），n = 179，N = 6，显著性差异用星号 * 标示

窄焦点 vs. 焦点前（*NF-m vs. NF-f*）。测试焦点（焦点 vs. 焦点前）在时长上表现的模型搭建细节请见表3－2。模型的拟合度比较结果请见表3－5。如表所示，拟合度最高的最佳模型只包括焦点条件的主效应，$\chi^2(1) = 8.139$，$p < 0.01$。最佳模型的具体参数估计值请见表3－6。具体说来，焦点条件的主效应表现为：在任一声调中，当动词在窄焦点条件中是焦点成分时（226.1 ms，SD＝44.8），时长比其是焦点前成分时（208.3 ms，SD＝36.6），显著要长（$b = 19.608$，$df = 30.503$，$t = 3.05$，$p < 0.01$），如图3－3所示。

表3－5　　时长作为结果变量：窄焦点（NF-m）vs. 焦点前（NF-f）模型拟合度分析一览

模型	N_{pars}	－2 LLR	比较			
			模型	$\Delta\chi^2$	Δdf	p
0（仅纳入"说话人"、"句子"作为随机截距）	4	－849.88				
1 ＋ 声调	7	－849.74	0 vs 1	0.282	3	0.963
2 ＋ 焦点条件	8	－845.67	1 vs 2	8.139	1	0.004 **
3 ＋ 声调：焦点条件	11	－845.07	2 vs 3	1.209	3	0.751

注："$\Delta\chi^2$"表示的是卡方值的变化，"Δdf"表示的是自由度的变化。

表3－6　　时长，窄焦点（NF-m）vs. 焦点前（NF-f），最佳模型的参数估计值一览

	Estimate	SE	df	t value	Pr（＞｜t｜）
固定变量					
截距（Intercept）	208.575	12.853	7.453	16.23	0.000 ***
窄焦点（Narrow focus）	19.608	6.429	30.503	3.05	0.005 **
随机变量	名称	S^2	SE		
句子（Sentence）	Intercept	228.6	15.12		
发音人（Speaker）	Intercept	868.2	29.46		
余值（Residual）		561.6	23.70		

焦点vs.焦点前

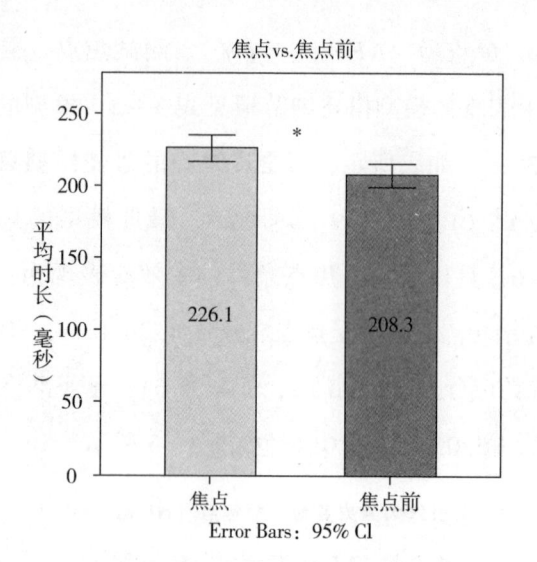

226.1　208.3

焦点　焦点前
Error Bars：95% CI

图3-3　焦点成分的平均时长（毫秒）vs. 焦点前成分的平均时长（毫秒），n=178，N=6，显著性差异用星号 * 标示

2. 焦点域效应：窄焦点（NF-m）vs. 宽焦点（BF）

测试焦点域（窄焦点 vs. 宽焦点）在时长上表现的模型搭建细节请见表3-2。模型的拟合度比较结果请见表3-7。如表所示，无任何固定变量（fixed factor）能够提升模型的拟合度。因而，没有证据表明大理方言说话人在任一声调中通过变化时长来区分窄焦点和宽焦点。

表3-7　时长作为结果变量：窄焦点（NF-m）vs. 宽焦点（BF）模型拟合度分析一览

模型	N_{pars}	-2 LLR	比较模型	$\Delta\chi^2$	Δdf	p
0（仅纳入"说话人"、"句子"作为随机截距）	4	-827.48				
1+声调	7	-827.35	0 vs 1	0.255	3	0.968

续表

模型	N_{pars}	−2 LLR	比较			
			模型	$\Delta\chi^2$	Δdf	p
2＋焦点条件	8	−825.48	1 vs 2	3.736	1	0.053
3＋声调：焦点条件	11	−825.33	2 vs 3	0.289	3	0.962

注："$\Delta\chi^2$"表示的是卡方值的变化,"Δdf"表示的是自由度的变化。

3. 焦点对比度效应：对比焦点（CF-m）vs. 窄焦点（NF-m）

测试对比度（对比焦点 vs. 窄焦点）在时长上表现的模型搭建细节请见表3-2。模型的拟合度比较结果请见表3-8。如表所示，无任何固定变量（fixed factor）能够提升模型的拟合度。因而，没有证据表明大理方言说话人在任一声调中通过变化时长来区分对比焦点和非对比焦点（即：窄焦点）。

表3-8　时长作为结果变量：对比焦点（CF-m）vs. 窄焦点（NF-m）模型拟合度分析一览

模型	N_{pars}	−2 LLR	比较			
			模型	$\Delta\chi^2$	Δdf	p
0（仅纳入"说话人"、"句子"作为随机截距）	4	−824.68				
1＋声调	7	−824.68	0 vs 1	0.199	3	0.978
2＋焦点条件	8	−824.16	1 vs 2	0.829	1	0.363
3＋声调：焦点条件	11	−823.97	2 vs 3	0.391	3	0.942

注："$\Delta\chi^2$"表示的是卡方值的变化,"Δdf"表示的是自由度的变化。

（三）音域

1. 焦点效应：焦点 vs. 非焦点

窄焦点 vs. 焦点后（NF-m vs. NF-i）。测试焦点（焦点 vs. 焦点后）在音域上表现的模型搭建细节请见表3-2。模型的拟合度比较结果请见表3-9。如表所示，拟合度最高的最佳模型只包括声调的主效应，χ^2（3）= 11.019，$p < 0.05$。因而，没有证据表明大理方言说话人在任一声调中通过变化音域来区分窄焦点和焦点后。

表 3-9　　　音域作为结果变量：窄焦点（NF-m）vs.

焦点后（NF-i）模型拟合度分析一览

模型	N_{pars}	-2 LLR	比较			
^	^	^	模型	$\Delta\chi^2$	Δdf	p
0（仅纳入"说话人"、"句子"作为随机截距）	4	-707.52				
1 + 声调	7	-702.01	0 vs 1	11.019	3	0.012*
2 + 焦点条件	8	-701.64	1 vs 2	0.750	1	0.387
3 + 声调：焦点条件	11	-701.23	2 vs 3	0.813	3	0.847

注："$\Delta\chi^2$"表示的是卡方值的变化，"Δdf"表示的是自由度的变化。

窄焦点 vs. 焦点前（NF-m vs. NF-f）。模型的拟合度比较结果请见表 3-10。如表所示，拟合度最高的最佳模型是模型 1（Model 1），这个模型只包括声调的主效应，χ^2（3）= 15.852，$p < 0.01$。因而，没有证据表明大理方言说话人在任何声调中通过变化音域来区分窄焦点和焦点前。

表 3-10　　　音域作为结果变量：窄焦点（NF-m）vs.

焦点前（NF-f）模型拟合度分析一览

模型	N_{pars}	-2 LLR	比较			
^	^	^	模型	$\Delta\chi^2$	Δdf	p
0（仅纳入"说话人"、"句子"作为随机截距）	4	-702.78				
1 + 声调	7	-694.86	0 vs 1	15.852	3	0.001**
2 + 焦点条件	8	-694.71	1 vs 2	0.288	1	0.592
3 + 声调：焦点条件	11	-694.67	2 vs 3	0.086	3	0.994

注："$\Delta\chi^2$"表示的是卡方值的变化，"Δdf"表示的是自由度的变化。

2. 焦点域效应：窄焦点（NF-m）vs. 宽焦点（BF）

测试焦点域（窄焦点 vs. 宽焦点）在音域上表现的模型搭建细节

请见表3-2。模型的拟合度比较结果请见表3-11。如表所示，拟合度最高的最佳模型是模型1（Model 1），这个模型只包括声调的主效应，$\chi^2(3) = 13.873$，$p < 0.01$。因而，没有证据表明大理方言说话人在任何声调中通过变化音域来区分窄焦点和宽焦点。

表3-11　　　音域作为结果变量：窄焦点（NF-m）vs. 宽焦点（BF）模型拟合度分析一览

模型	N_{pars}	-2 LLR	比较			
			模型	$\Delta\chi^2$	Δdf	p
0（仅纳入"说话人"、"句子"作为随机截距）	4	-675.42				
1 + 声调	7	-668.48	0 vs 1	13.873	3	0.003**
2 + 焦点条件	8	-668.47	1 vs 2	0.025	1	0.875
3 + 声调：焦点条件	11	-668.14	2 vs 3	0.656	3	0.885

注："$\Delta\chi^2$"表示的是卡方值的变化，"Δdf"表示的是自由度的变化。

3. 焦点对比度效应：对比焦点（CF-m）vs. 窄焦点（NF-m）

测试存在对比度差异的不同焦点类型（对比焦点 vs. 非对比焦点）在音域上表现的模型搭建细节请见表3-2。模型的拟合度比较结果请见表3-12。如表所示，拟合度最高的最佳模型是模型1（Model 1），这个模型只包括声调的主效应，$\chi^2(3) = 17.887$，$p < 0.001$。因而，没有证据表明大理方言说话人在任何声调中通过变化音域来区分对比焦点和非对比焦点（即：窄焦点）。

表3-12　　　音域作为结果变量：对比焦点（CF-m）vs. 窄焦点（NF-m）模型拟合度分析一览

模型	N_{pars}	-2 LLR	比较			
			模型	$\Delta\chi^2$	Δdf	p
0（仅纳入"说话人"、"句子"作为随机截距）	4	-680.40				

续表

模型	N_{pars}	-2 LLR	比较			
			模型	$\Delta\chi^2$	Δdf	p
1+声调	7	-671.46	0 vs 1	17.887	3	0.000***
2+焦点条件	8	-671.45	1 vs 2	0.013	1	0.911
3+声调:焦点条件	11	-671.40	2 vs 3	0.118	3	0.990

注:"$\Delta\chi^2$"表示的是卡方值的变化,"Δdf"表示的是自由度的变化。

(四) 音高最大值

1. 焦点效应:焦点 vs. 非焦点

窄焦点vs. 焦点后 (NF-m vs. NF-i)。模型的拟合度比较结果请见表3-13。如表所示,拟合度最高的最佳模型是模型1(Model 1),这个模型只包括声调的主效应,$\chi^2(3) = 18.773$,$p < 0.001$。因而,没有证据表明大理方言说话人在任何声调中通过变化音高最大值来区分窄焦点和焦点后。

表3-13　音高最大值作为结果变量:窄焦点 (NF-m) vs. 焦点后 (NF-i) 模型拟合度分析一览

模型	N_{pars}	-2 LLR	比较			
			模型	$\Delta\chi^2$	Δdf	p
0(仅纳入"说话人"、"句子"作为随机截距)	4	-759.21				
1+声调	7	-749.83	0 vs 1	18.773	3	0.000***
2+焦点条件	8	-749.55	1 vs 2	0.541	1	0.462
3+声调:焦点条件	11	-749.28	2 vs 3	0.543	3	0.909

注:"$\Delta\chi^2$"表示的是卡方值的变化,"Δdf"表示的是自由度的变化。

窄焦点vs. 焦点前 (NF-m vs. NF-f)。模型的拟合度比较结果请见表3-14。如表所示,拟合度最高的最佳模型是模型1(Model 1),这个模型只包括声调的主效应,$\chi^2(3) = 20.811$,$p < 0.001$。因而,

没有证据表明大理方言说话人在任何声调中通过变化音高最大值来区分窄焦点和焦点前。

表3-14　音高最大值作为结果变量：窄焦点（NF-m）vs. 焦点前（NF-f）模型拟合度分析一览

模型	N_{pars}	-2 LLR	比较			
			模型	$\Delta\chi^2$	Δdf	p
0（仅纳入"说话人"、"句子"作为随机截距）	4	-749.57				
1＋声调	7	-739.16	0 vs 1	20.811	3	0.000***
2＋焦点条件	8	-739.15	1 vs 2	0.027	1	0.869
3＋声调：焦点条件	11	-738.84	2 vs 3	0.621	3	0.892

注："$\Delta\chi^2$"表示的是卡方值的变化，"Δdf"表示的是自由度的变化。

2. 焦点域效应：窄焦点（NF-m）vs. 宽焦点（BF）

模型的拟合度比较结果请见表3-15。如表所示，拟合度最高的最佳模型是模型1（Model 1），这个模型只包括声调的主效应，$\chi^2(3)=20.282$，$p<0.001$。因而，没有证据表明大理方言说话人在任何声调中通过变化音高最大值来区分窄焦点和宽焦点。

表3-15　音高最大值作为结果变量：窄焦点（NF-m）vs. 宽焦点（BF）模型拟合度分析一览

模型	N_{pars}	-2 LLR	比较			
			模型	$\Delta\chi^2$	Δdf	p
0（仅纳入"说话人"、"句子"作为随机截距）	4	-722.51				
1＋声调	7	-712.37	0 vs 1	20.282	3	0.000***
2＋焦点条件	8	-712.37	1 vs 2	0	1	0.995
3＋声调：焦点条件	11	-712.07	2 vs 3	0.587	3	0.899

注："$\Delta\chi^2$"表示的是卡方值的变化，"Δdf"表示的是自由度的变化。

3. 焦点对比度效应：对比焦点（CF-m）vs. 非对比焦点（NF-m）

模型的拟合度比较结果请见表3-16。如表所示，拟合度最高的最佳模型是模型1（Model 1），这个模型只包括声调的主效应，χ^2（3）=27.072，$p<0.001$。因而，没有证据表明大理方言说话人在任何声调中通过变化音高最大值来区分对比焦点和非对比焦点。

表3-16 音高最大值作为结果变量：对比焦点（CF-m）vs. 窄焦点（NF-m）模型拟合度分析一览

模型	N_{pars}	-2 LLR	比较模型	$\Delta\chi^2$	Δdf	p
0（仅纳入"说话人"、"句子"作为随机截距）	4	-725.66				
1+声调	7	-712.12	0 vs 1	27.072	3	0.000***
2+焦点条件	8	-712.04	1 vs 2	0.161	1	0.688
3+声调：焦点条件	11	-711.93	2 vs 3	0.220	3	0.974

注："$\Delta\chi^2$"表示的是卡方值的变化，"Δdf"表示的是自由度的变化。

（五）音高最小值

1. 焦点效应：焦点 vs. 非焦点

窄焦点vs. 焦点后（*NF-m vs. NF-i*）。模型的拟合度比较结果请见表3-17。如表所示，拟合度最高的最佳模型是模型1（Model 1），这个模型只包括声调的主效应，χ^2（3）=53.179，$p<0.001$。因而，没有证据表明大理方言说话人在任何声调中通过变化音高最小值来区分窄焦点和焦点后。

窄焦点vs. 焦点前（*NF-m vs. NF-f*）。模型的拟合度比较结果请见表3-18。如表所示，拟合度最高的最佳模型是模型1（Model 1），这个模型只包括声调的主效应，χ^2（3）=62.169，$p<0.001$。因而，没有证据表明大理方言说话人在任何声调中通过变化音高最小值来

区分窄焦点和焦点前。

表3-17　音高最小值作为结果变量：窄焦点（NF-m） vs. 焦点后（NF-i）模型拟合度分析一览

模型	N_{pars}	-2 LLR	比较			
			模型	$\Delta\chi^2$	Δdf	p
0（仅纳入"说话人"、"句子"作为随机截距）	4	-747.91				
1+声调	7	-721.33	0 vs 1	53.179	3	0.000***
2+焦点条件	8	-721.32	1 vs 2	0.000	1	0.976
3+声调：焦点条件	11	-719.38	2 vs 3	3.886	3	0.274

注："$\Delta\chi^2$"表示的是卡方值的变化，"Δdf"表示的是自由度的变化。

表3-18　音高最小值作为结果变量：窄焦点（NF-m） vs. 焦点前（NF-f）模型拟合度分析一览

模型	N_{pars}	-2 LLR	比较			
			模型	$\Delta\chi^2$	Δdf	p
0（仅纳入"说话人"、"句子"作为随机截距）	4	-739.90				
1+声调	7	-708.82	0 vs 1	62.169	3	0.000***
2+焦点条件	8	-708.26	1 vs 2	1.121	1	0.290
3+声调：焦点条件	11	-706.43	2 vs 3	3.651	3	0.302

注："$\Delta\chi^2$"表示的是卡方值的变化，"Δdf"表示的是自由度的变化。

2. 焦点域效应：窄焦点（NF-m） vs. 宽焦点（BF）

模型的拟合度比较结果请见表3-19。如表所示，拟合度最高的最佳模型是模型1（Model 1），这个模型只包括声调的主效应，$\chi^2(3) = 57.995$，$p < 0.001$。因而，没有证据表明大理方言说话人在任何声调中通过变化音高最小值来区分窄焦点和宽焦点。

表3-19　音高最小值作为结果变量：窄焦点（NF-m）vs. 宽焦点（BF）模型拟合度分析一览

模型	N_{pars}	-2 LLR	比较 模型	$\Delta\chi^2$	Δdf	p
0（仅纳入"说话人"、"句子"作为随机截距）	4	-722.43				
1＋声调	7	-693.43	0 vs 1	57.995	3	0.000***
2＋焦点条件	8	-693.30	1 vs 2	0.260	1	0.610
3＋声调：焦点条件	11	-692.74	2 vs 3	1.128	3	0.770

注："$\Delta\chi^2$"表示的是卡方值的变化，"Δdf"表示的是自由度的变化。

3. 焦点对比度效应：对比焦点（CF-m）vs. 非对比焦点（NF-m）

模型的拟合度比较结果请见表3-20。如表所示，拟合度最高的最佳模型是模型1（Model 1），这个模型只包括声调的主效应，$\chi^2(3)=59.987$，$p<0.001$。因而，没有证据表明大理方言说话人在任何声调中通过变化音高最小值来区分对比焦点和非对比焦点（即：窄焦点）。

表3-20　音高最小值作为结果变量：对比焦点（CF-m）vs. 窄焦点（NF-m）模型拟合度分析一览

模型	N_{pars}	-2 LLR	比较 模型	$\Delta\chi^2$	Δdf	p
0（仅纳入"说话人"、"句子"作为随机截距）	4	-716.19				
1＋声调	7	-686.20	0 vs 1	59.987	3	0.000***
2＋焦点条件	8	-686.08	1 vs 2	0.245	1	0.621
3＋声调：焦点条件	11	-685.72	2 vs 3	0.711	3	0.871

注："$\Delta\chi^2$"表示的是卡方值的变化，"Δdf"表示的是自由度的变化。

四　结论与讨论

本研究将声调系统考虑入内，考察了大理方言半自然语料中焦点和焦点类型的韵律实现方式。研究结果表明,在大理方言中,焦点通过时长变化来进行韵律编码,这一表现与白语类似却异于标准汉语。对于韵律焦点在白语(第二章)、大理方言(本章)和标准汉语(Yang, 2017; Yang & Chen, 2017)中编码方式的对比请见表3-21。

表3-21　白语韵律焦点编码方式(第二章)、大理方言韵律焦点编码方式(本章)、标准汉语韵律焦点编码方式对比
(Yang, 2017; Yang & Chen, 2017)

效应	比较	语言/语言变体	时长	音域	音高最大值	音高最小值
焦点	焦点 vs. 焦点前	标准汉语	+	+	−	+
		大理方言	+	−	−	−
		白语	−	−	−	−
	焦点 vs. 焦点后	标准汉语	+	+	+	>(T1)
		大理方言	+	−	−	−
		白语	+	−	−	−
焦点域	窄焦点 vs. 宽焦点	标准汉语	+	−	−	−
		大理方言	−	−	−	−
		白语	−	−	−	−
对比度	对比焦点 vs. 非对比焦点	标准汉语	−	−	−	−
		大理方言	−	−	−	−
		白语	−	−	−	−

以上三个研究均采用了同样的数据收集和分析方法,因而具有较强的可比性。就大理方言窄焦点的韵律编码方式而言,焦点成分与其是焦点后和焦点前成分相比,时长延长;然而,音高相关的韵律参数,包括音域、音高最大值和音高最小值,均未系统地应用于编码韵律焦点。因而,在窄焦点的韵律编码方式上,大理方言异于标准汉语,却和白语类似。另外,在大理方言中,无论是时长还是

音高相关的韵律参数均未用于区分焦点域存在差异的不同焦点类型。大理方言中的这一表现类似于白语（第二章），却异于标准汉语（Yang, 2017；Yang & Chen, 2017）。最后，在大理方言中，无论是时长还是音高相关的韵律参数均未用于区分对比度存在差异的不同焦点类型。大理方言中的这一表现仍类似于白语（第二章），异于标准汉语（Yang, 2017；Yang & Chen, 2017）。

因此，本研究结果证实了此前的研究假设，即和白语长期、密切接触中的大理方言，运用韵律来编码焦点的方式更类似于白语。与标准汉语以及众多的汉语地域变体不同的是，大理方言的韵律焦点编码是通过时长的变化来进行的。和已有对台湾普通话的研究结果一致（Chen et al., 2009；Xu et al., 2012），本研究结果显示，密切地与非权威语言接触可以导致汉语地域变体和标准汉语之间产生韵律焦点编码方式上的显著差异。

第四章 白汉双语儿童的韵律焦点编码习得研究[①]

摘要：本研究探索白汉早期双语儿童汉语韵律焦点习得的发展路径。实验在半自然的语境下，引导6岁至13岁白汉双语儿童产出处于不同焦点条件下的汉语主语—动词—宾语（此后简称为SVO）句子。本研究考察了在不同声调中将韵律参数（包括时长、音域、音高最大值、音高最小值）用于编码焦点的方式。结果发现，白汉早期双语儿童在6岁至7岁时，就已经掌握了将时长作为韵律线索（prosodic cue）来编码窄焦点的能力。然而，直到12岁至13岁（即：接受了5年的标准汉语教育之后）白汉早期双语儿童仍没有习得使用音高来编码窄焦点的能力。另外，当前没有任何证据可以表明白汉早期双语儿童在使用汉语时能够使用韵律来编码焦点域和对比度存在差异的不同焦点类型。因而，研究结果显示：白汉早期双语儿童的二语发展与汉语单语儿童的一语发展相比，在习得顺序和速率上都呈现出了相似性和差异性。

[①] 本研究的部分前期结果曾在第40届波士顿大学语言发展研究年会（The 40th Annual Boston University Conference on Language Development）上发表（Liu, Chen & Van de Velde, 2016b）。

关键词：早期双语　韵律　焦点　白语　汉语普通话

一　引言

无论是全球还是中国国内，在多于一种语言环境中成长起来的、拥有众多人口基数的儿童群体①是广泛存在的（Grosjean，2010；Tucker，1998）。然而，当前学界对于双语儿童语言发展的认识仍十分有限，尤其是在韵律领域（Hoffmann，2014；Paradis，2007）。本研究关注在语言中常见的一种韵律功能——韵律焦点编码——在早期双语者二语中的习得情况。韵律焦点编码指的是通过使用韵律来凸显或者标记句子中的新信息（Gundel，1999；Gussenhoven，2007）。根据Unsworth（2005）的界定标准，本研究中将早期双语者界定为在4岁至7岁开始第二语言（此后简称为L2）习得的学习者，将晚期双语者界定为在8岁或者更大年龄开始第二语言习得的学习者②。

学界对于早期双语儿童二语习得研究的核心问题在于考察其是否与单语儿童的一语习得类似（Meisel，2004；Paradis，2007；Unsworth，2005）。已有研究发现，这一核心问题研究的答案取决于具体研究所关注的语言模态（比如：产出 vs. 理解）和所考察的特定语言领域（比如词汇、句法或音段音系）（Dulay & Burt，1974；Jia，2003；Meisel，2008；Paradis，2007；Tsukada et al.，2004；Unsworth，2005）。另外，对于韵律习得和发展的研究还较少。就韵律焦点编码的习得和发展路径而言，早期双语儿童的二语习得是否与单语儿童

---

① 汉语为大部分的中国人所使用。然而，在中国的55个少数民族（约有10亿人口）中，有52个少数民族拥有自己的语言。

② "早期双语者"在本研究中所界定的内涵和Paradis（2007）中对"儿童二语学习者"的界定一致。具体说来，儿童二语学习者指的是儿童"在开始学习另一种语言之前就已经建立起一种语言的学习者，通常指的是在家里操一语而在学校操二语"（Paradis，2007：387）。

的一语习得一致？这一问题仍有待探索。比如，已有研究表明早期双语儿童的二语音系习得（比如，词末清塞音的习得）和年龄对等的单语儿童的一语音系习得相比并未呈现出一致性（Baker & Trofimovich, 2005；Trofimovich & Baker, 2007；Tsukada et al., 2004）。然而，众多研究表明早期双语儿童的二语习得顺序及速率与单语儿童的一语习得类似（Dulay & Burt, 1973, 1974；Jia, 2003；Krashen, 1982；Paradis, 2005, 2007）。比如，Paradis（2005）考察了加拿大以少数族裔语言作为一语，英语为二语的早期双语儿童的英语词汇习得，并发现：早期双语儿童经过十二个月的二语输入后，可以获得十二个月发展维度上的词汇知识。因此，就词汇习得积累速率而言，早期双语儿童的二语习得速率和一语习得类似。另外，Jia（2003）发现早期汉（L1）—英（L2）双语儿童掌握英语（L2）复数"-s"用法所需平均输入时间和英语单语儿童的一语习得中所需平均输入时间基本一致。就习得顺序而言，Dulay & Burt（1973, 1974）和Krashen（1982）发现，在以英语为第二语言的早期双语儿童的二语发展中，对于词形变化中的进行时"-ing"和复数"-s"的习得要早于过去时"-ed"和第三人称单数"-s"的习得。这一发展顺序与以英语为第一语言的儿童习得顺序一致。

近年来，对于单语儿童韵律焦点编码的习得顺序成为研究热点之一（Arnhold, 2016；Chen, 2009, 2011；Grigos & Patel, 2010；Müller, Höhle, Schmitz & Weissenborn, 2006；Rom 2016；Wonnacott & Watson, 2008；Yang & Chen, 2014）。但是，在双语环境下研究者们的关注点集中在成人的语言能力，而非语言发展的角度（Barnes & Michnowicz, 2015；Bullock, 2009；Colantoni, 2011；Colantoni & Gurlekian, 2004；Grosser, 1997；Gut & Pillai, 2014；O'Rourke, 2005, 2012；

Swerts & Zerbian, 2010; Van Rijswijk & Muntendam, 2012; Van Rijswijk et al., 2017; Zerbian, 2013）。早期双语儿童如何习得二语中的韵律编码方式？早期双语儿童的二语习得是否呈现出和单语儿童的一语习得同样的习得速率和路径？这些问题仍有待探索。在此背景下，本研究关注白汉双语儿童汉语韵律焦点编码的习得和发展，旨在考察早期双语儿童的二语发展和单语儿童的一语发展在韵律习得方面的相似性和差异性。

在本章接下来的内容中，笔者将首先简要梳理焦点的概念，不同语言中韵律焦点编码方式的差异，以及这些差异是如何塑造不同母语背景儿童的韵律焦点编码发展。其次，在（二）中笔者将深入讨论汉语单语成人和儿童的韵律焦点编码方式。最后，在（三）中笔者将提出研究问题、研究假设和预设。

（一）焦点和不同语言中的韵律焦点编码

焦点和多个概念相关联，比如"新（new）"和"强调（emphasis）"（Gundel, 1999; Gussenhoven, 2008; Halliday, 1967a）。在本研究中，"焦点（focus）"指的是在一句话中给接受者（听话者）传递的新信息（Gundel, 1999; Lambrecht, 1994）。依据焦点成分焦点域和对比度的差异，焦点可以划分为不同的类型。具体说来，焦点成分可以是一个词（窄焦点），或者是一个大于词的句法成分，比如一个动词短语或者一整个句子（宽焦点）。焦点成分可以表达更正或者是对前文所提信息的直接对比（对比焦点）（Chafe, 1976）。在很多语言中，焦点通过韵律来编码和实现（Gussenhoven, 2007）。在这些语言中，音高和时长是韵律焦点编码的主要声学参数（Cooper et al., 1985; Heldner, 2003; Xu, 1999）。然而，不同语言中使用音高和时长来编码焦点的具体方式是存在差异的。比如，很多语言使用扩展音域和延长时长来区分窄焦点和非焦点/宽焦点（Cooper et al.，1985 对英语的研究；Hanssen et al.，2018、Chen，待刊，对荷兰语的研究；Xu，1999 对标准汉语的研究；Jannedy，2007 对越南语的研究），而一些语言却只使用时长来编码焦点（比如：Wang et al.，2011 对德昂语的研究；Wu & Xu，2010 对粤语的研究）。

已有研究发现，韵律系统的跨语言差异塑造了不同母语背景儿童韵律焦点习得的发展路径（Arnhold，2016；Chen，2011；Grigos & Patel，2010；Grünloh, Lieven & Tomasello，2015；Romøren，2016；Yang，2017；Yang & Chen，2014）。比如，Romøren（2016）发现瑞典语单语儿童掌握了和成人一致的、使用音系线索（phonological cue）编码焦点的能力（即"叠加显著 H 调"的能力——"叠加显著 H 调"具体指一个漂浮的高调可以叠加在焦点词的词重音上）要早于荷兰语单语儿童（在荷兰语中，表现为句重音 accentuation）。她认为，相对于荷兰语句重音和焦点之间的映射关系而言，瑞典语儿童较早掌握使用音系线索（phonological cue）编码焦点的能力可以归因于瑞典语中显著 H 调和焦点之间更为可靠和一致的映射关系（Romøren，2016：182）。采用同样的数据收集手段，Yang & Chen（2017）和 Yang（2017）考察了汉语单语儿童和韩语单语儿童韵律焦点编码的发展路径。他们发现，汉语儿童在 7 岁或 8 岁时已经能够既使用时长，又使用音高来区分窄焦点和焦点前，而首尔韩语儿童却只掌握了使用时长而非音高来区分窄焦点和焦点后。和 Chen（2017）的研究结论一致，Yang（2017）认为这样的差异主要归因于音系线索和语音线索在韩语和标准汉语在韵律焦点编码使用上的重要差异。具体说来，在韩语中，韵律短语分隔（prosodic phrasing）

被认为是编码焦点的主要手段，而韵律边界的语音实现是次要手段。但在标准汉语中，通过变化音高和时长的语音实现手段是编码焦点的主要手段。

（二）汉语单语成人和儿童语言中的韵律焦点编码

对以汉语为母语的成年说话人的研究发现，在标准汉语中焦点是通过音高和时长进行韵律编码的（Chen，2010；Chen & Gussenhoven，2008；Ouyang & Kaiser，2015；Xu，1999；Yang，2017；Yang & Chen，2014）。就窄焦点编码而言，焦点成分和非焦点成分相比，其表现为音域扩展、时长延长（Yang & Chen，2014）。另外，在朗读语料中，焦点后成分与其在宽焦点条件下的对应成分相比，音域压缩（Xu，1999）。已有对焦点域存在差异的不同焦点类型的研究发现，在朗读音的宽焦点条件下，焦点成分的音域、时长和与之对应的非焦点成分相比，焦点成分的音域扩展、时长延长（Xu，1999）。然而，在半自然语流中，同一焦点成分在窄焦点条件下比其在宽焦点条件下，只存在时长延长（Yang，2017；Yang & Chen，2014）。已有对对比度存在差异的不同焦点类型的研究发现，在朗读音的对比焦点条件下，对比焦点成分和与之对应的非对比焦点成分相比，音域扩展、时长延长（Chen & Gussenhoven，2008）。然而，在半自然语流中，同一焦点成分在对比焦点条件下比其在窄焦点条件（非对比焦点条件）下，时长和音域均未产生任何变化（Yang，2017；Yang & Chen，2014）。

就汉语单语儿童的韵律焦点编码而言，Yang & Chen（2017）发现：汉语单语儿童在 4 岁至 5 岁时就已展现出和成人一样使用时长来区分窄焦点和非焦点（即：焦点前和焦点后）的能力，并且能够

第四章 白汉双语儿童的韵律焦点编码习得研究

在一些声调中使用音高来区分窄焦点和非焦点。7岁至8岁时，汉语单语儿童能够像成人一样在所有的声调中通过变化音域来区分窄焦点和焦点前，也能够在一些声调中（即：第二声和第四声）区分窄焦点和焦点后。10岁至11岁时，汉语单语儿童仍未发展得像成人一样能够运用音高相关的韵律线索来编码焦点。另外，在4岁至5岁时，汉语儿童就能够像成人一样通过变化时长来区分窄焦点和宽焦点。然而，和汉语单语成人不同的是，他们也同样使用音高相关的韵律线索来区分窄焦点和宽焦点。7岁至8岁时，汉语单语儿童不再使用音高相关的韵律线索来区分窄焦点和宽焦点，和汉语单语成人一致。值得注意的是，在10岁至11岁时，汉语单语儿童在半自然语料中通过变化音域来区分窄焦点和宽焦点。这一表现和汉语单语成人在半自然语料中的表现不同，却和汉语单语成人在朗读语料中的表现一致。最后，4岁至5岁的汉语单语儿童和汉语单语成人不同的是，他们并未通过变化时长来区分对比焦点和非对比焦点。7岁至8岁时，汉语单语儿童和汉语单语成人不同的是，他们既不通过变化时长，也不通过改变音高相关的韵律参数来区分对比焦点和非对比焦点。

与众多西德语言相比，比如英语（Wonnacott & Watson, 2008）、德语（Müller et al., 2006）和荷兰语（Chen, 2009），以汉语为母语的儿童对使用时长来编码焦点的习得比其对音高相关的韵律参数来编码焦点的习得要早。Yang & Chen（2017）认为，汉语儿童这一习得顺序可以归因于音高在标准汉语声调中扮演的重要角色，即音高还用于区分词汇意义。具体说来，Yang & Chen（2017）认为在标准汉语中，使用音高来进行焦点编码的声学空间恐怕是较为局限的，因而对于使用时长来编码焦点的掌握比使用音高要容易一些。另外，

Yang & Chen（2017）发现汉语单语儿童使用韵律来区分宽焦点和窄焦点的表现与汉语单语成人一致，并且比其对于使用韵律来区分窄焦点和非焦点的掌握要早。这一发现也许可以归因于在标准汉语中，只有时长用于区分不同的焦点类型，而时长和音高都被同等程度的使用于区分窄焦点和非焦点（Yang, 2017）。

（三）当前研究

本研究考察在家习得白语作为第一语言、从6岁或7岁起开始接受正式标准汉语教育的白汉双语儿童，考察年龄范围从6岁至13岁，具体考察白汉双语儿童汉语韵律焦点编码的习得及发展。另外，这些白汉双语儿童在6岁之前主要通过大众媒体接触到标准汉语，并在日常生活中非正式地接触到大理方言（汉语的地域变体之一）。白语，主要为生活在中国云南省大理白族自治州的白族所使用，系汉藏语系中的一种声调语言。如在本书第二章中所论述的，在白语中，只有时长用于编码焦点。然而，在标准汉语中，音高和时长均用于编码焦点（Chen, 2010；Ouyang & Kaiser, 2015；Xu, 1999；Yang, 2017；Yang & Chen, 2017）。具体说来，在白语中，焦点成分与其作为焦点后成分相比，只有时长延长了。但是在标准汉语中，焦点成分与其作为非焦点成分相比，焦点成分的时长延长且音域扩展。另外，在标准汉语中，窄焦点条件下的焦点成分与其在宽焦点条件下的对应成分相比，时长延长（Yang & Chen, 2017）。但是，在白语中，无论是时长还是音高相关的韵律线索均未被用来区分不同的焦点类型，即窄焦点、宽焦点和对比焦点。

本研究的研究目标是考察白汉双语儿童汉语韵律焦点的习得及发展。具体说来，本研究旨在考察白汉双语儿童在其产出的汉语中，是否通过韵律来编码不同声调的窄焦点,以及是否通过韵律来编码焦点域和对比度都存在差异的不同焦点类型。就发展路径而言,根据Yang & Chen（2107）的研究：对于声调语言的学习者来说,由于受到声学空间的限制,时长作为一种编码韵律焦点的韵律线索,比音高更容易习得和掌握；另外,考虑到白汉早期双语儿童的一语和二语都是声调语言,笔者假设白汉早期双语儿童掌握通过时长来编码焦点的能力,要比掌握通过音高相关韵律线索来编码焦点的能力要早（研究假设a）。基于此假设,本研究的研究预测是：白汉早期双语儿童将在他们汉语习得的较早阶段（即：6岁至7岁和/或9岁至10岁）,在所有的声调中,通过延长焦点成分的时长来区分窄焦点和焦点前、窄焦点和焦点后。此外,白汉早期双语儿童将在他们汉语习得的较晚阶段（即：9岁至10岁和/或12岁至13岁）,在某些声调中,通过音高相关韵律线索来区分窄焦点和焦点前、窄焦点和焦点后。另外,根据Yang & Chen（2107）对汉语单语儿童的研究结果：汉语单语儿童使用韵律线索来编码不同焦点类型的习得要比区分窄焦点和非焦点的习得要早；另外,考虑到在一些语言领域中,早期双语儿童的二语习得和单语儿童的一语习得是类似的（Dulay & Burt,1973,1974；Jia,2003；Krashen,1982；Paradis,2005,2007）,笔者假设白汉早期双语儿童对于使用韵律线索来编码不同焦点类型的习得要比区分窄焦点和非焦点的习得早（研究假设b）。基于此假设,本研究的研究预测是：白汉早期双语儿童将在其汉语的所有声调中,掌握通过时长变化区分窄焦点和宽焦点的能力要比掌握通过时长变化和音高相关韵律线索变化来区分窄焦点和非焦点的能力要早。

二　研究方法

(一) 图片配对游戏

本研究采用并发展了 Yang & Chen (2014，2017) 和 Yang (2017) 中所采用的"图片配对游戏"实验范式，游戏设计采用半自然的语境引导白汉早期双语儿童产出 SVO 句子。在"图片配对游戏"中，一共使用了三组图片。

在实验过程中，实验员和发音人每人手持一组已事先安排好顺序的图片，第三组图片散落在实验操作的桌子上。在实验员的图片中（第一组），总有一些信息是缺失的，比如：主语、动作、宾语，或者三者都缺失。发音人的图片（第二组）包含某个完整的事件。发音人的任务是帮助实验员将第一组（实验员的图片）和第三组（散落在桌子上的图片）中的图片挑选出来配成一对（请参见图 4–1）。

现以句末位置的宾语成分是窄焦点（NF-f condition）的焦点条件作为范例，来介绍实验过程。第一步，实验员从她手里的图片中拿出一张（比如：一只挥舞着胳膊的兔子），通过说："看！小兔。小兔的胳膊挥出去了。看起来小兔在扔东西。"来将发音人的注意力集中到图片上并同时描绘图片上的内容。在问问题之前进行这样的操作是为了保证图片上的实体对于发音人来说，是已知信息（given）。第二步，实验员针对这张图片问一个问题（比如："小兔扔什么？"）。第三步，发音人从他/她的图片（第二组）中挑出一张来，并仔细进行观察。第四步，实验员重复问题，发音人根据其图片回答问题（例如："小兔扔［球］。"）最后，实验员从第三组图片中找出带有缺失信息的图片来，并将图片配成对。游戏的规则是，发音

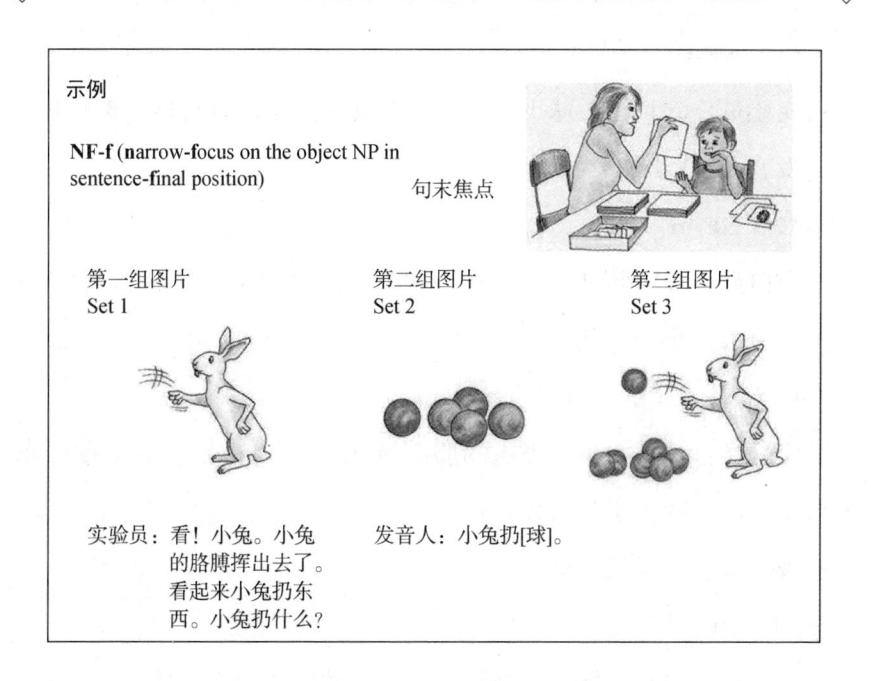

第四章 白汉双语儿童的韵律焦点编码习得研究

```
示例
NF-f (narrow-focus on the object NP in
sentence-final position)              句末焦点

第一组图片        第二组图片         第三组图片
Set 1            Set 2              Set 3


实验员：看！小兔。小兔      发音人：小兔扔[球]。
       的胳膊挥出去了。
       看起来小兔扔东
       西。小兔扔什么？
```

图 4–1 引导目标句"小兔扔 [球]"的实验流程示例

人要产出完整的句子，并且不能将其手里的图片展示给实验员。为了保证发音人对于词汇选择的前后一致性，图片配对游戏开始之前会先进行一个图片命名游戏。这个图片命名游戏的设计是为了让发音人熟悉在游戏中出现的目标词汇和图片中出现的实体。

（二）实验材料

在图片游戏中引导出五个不同焦点条件下的 SVO 句，包括：位于句首的名词性主语是窄焦点（NF-i），位于句中的动词是窄焦点（NF-m），位于句末的名词性宾语是窄焦点（NF-f），宽焦点（BF）和位于句中的动词是对比焦点（CF-m）。焦点条件主要是由一个特殊疑问句或者是一个由实验员说出的陈述句来搭建，如例（1）到（5）所示。

（1）**NF-i**

实验员：看！球。球飞在空中。看起来有小动物扔球。谁扔球？

发音人：[**小熊**]扔球。

（2）**NF-m**

实验员：看！小狗，还有球。看起来小狗要弄球。小狗怎么弄球？

发音人：小狗[**扔**]球。

（3）**NF-f**

实验员：看！小兔。小兔的胳膊挥出去了。看起来小兔在扔东西。小兔扔什么？

发音人：小兔扔[**球**]。

（4）**BF**

实验员：看！阿姨什么都看不清。你的图片上讲了什么？

发音人：[**小熊扔球**]。

（5）**CF-m**

实验员：看！小猫，还有球。看起来小猫要弄球。我猜，小猫剪球。

发音人：小猫[**扔**]球。

实验中对SVO句子的构建保证了每一个句子都是唯一的名词主语和谓词结构（动词+名词宾语）的组合。汉语中的四个声调（即：阴平/高平调/Tone 1，阳平/中升调/Tone 2，上声/降升调/Tone 3，去声/降调/Tone 4）都出现在了名词性主语、动词和名词性宾语中。4个单音节动词和4个单音词名词性宾语组合成16个谓词性短语，每一个谓词性短语均出现在所有的焦点条件中（焦点条件=5）。这样就组合成了80个谓词性短语。然后，这80个谓词性短语依次循环与4个名词性主语组合。其中，这4个名词性主语都开始于

"xiǎo（小）"，并跟随着 4 个带有不同声调的名词。这样的组合过后，最终得到的是 80 个 SVO 目标句。对于组成目标句的选词，请参见表 4-1。

表 4-1 SVO 目标句选词一览（每个词均用汉字、**IPA** 和英译标示）

	主语	动词	宾语
Tone 1 第一声 阴平	小猫 xiǎo māo cat（little cat）	扔 rēng throw	书 shū book
Tone 2 第二声 阳平	小熊 xiǎo xióng bear（little bear）	埋 mái bury	球 qiú ball
Tone 3 第三声 上声	小狗 xiǎo gǒu dog（little dog）	剪 jiǎn cut	笔 bǐ pen
Tone 4 第四声 去声	小兔 xiǎo tù rabbit（little rabbit）	运 yùn transport	菜 cài vegetable

（三）实验对象和实验过程

来自 3 个年龄组，共 25 位白汉早期双语儿童参与了本实验，包括：8 位 6 岁至 7 岁的白汉双语儿童（4 个女孩和 4 个男孩，平均年龄 = 6.88，SD = 0.35），8 位 9 岁至 10 岁的白汉双语儿童（4 个女孩和 4 个男孩，平均年龄 = 9.13，SD = 0.35）和 9 位 12 岁至 13 岁的白汉双语儿童（4 个女孩和 5 个男孩，平均年龄 = 12.44，SD = 0.53）。在本研究进行时，6 岁至 7 岁的儿童组刚刚入学当地一所小学；9 岁至 10 岁的儿童组刚开始接受其第三年的正式标准汉语教育；12 岁至 13 岁儿童组刚开始接受其第六年的正式标准汉语教育（发音儿童的具体信息请参见附录 D）。

　　所有参与本研究的发音儿童都在中国云南省大理白族自治州喜洲镇的村庄里长大。发音儿童在家里习得白语——第一语言，在 6 岁或者 7 岁时开始接受正式的标准汉语教育。他们在 6 岁之前主要是通过大众媒体接触到汉语。鉴于这些白汉双语儿童在同一白语社区长大、来自具有相似社会、经济阶层的家庭、就读同一当地小学，他们构成了一个相对同质的群体。对于发音儿童的年龄和分组情况，请见表 4-2。

表 4-2　　　　　　白汉早期双语儿童发音人情况一览

年龄组	平均语言习得年龄 (AoA mean)	平均语言习得年龄跨度 (AoA range)	接受正式标准汉语教育年限
6 岁至 7 岁	6；11	6；8—7；4	刚入学
9 岁至 10 岁	7；2	6；11—8；4	2 年
12 岁至 13 岁	7；5	6；11—8；1	5 年

　　一位女性标准汉语发音人担任当前实验的实验员（年龄=27岁）。实验员对发音儿童进行单独测试，在测试中只和发音儿童说标准汉语。每个实验分为两个部分，每个部分包括 40 个实验测试段。为了避免发音人疲劳或是注意力涣散，每个部分的实验结束后会暂停，并让发音儿童适当休息。一位发音人完成一个部分的实验大约需 20 至 25 分钟。所有的实验都在喜洲镇金河小学里一个安静的房间中完成。实验采用便携式 ZOOM H1 录音机来进行录制工作，采样率为 44.1kHz，1.6 比特。为了将来的训练工作，实验全程也进行了影像记录。在正式实验结束之后，一份语言背景和家庭语言使用问卷会发放到儿童的抚养人处并请其完成。

（四）语音标注

首先，采用音标和字符对实验所收集的语料进行转写和标注。如果发音人回答的句子符合下列筛选条件之一就将被排除在分析之外：(1) 并不是对目标问题的答案；(2) 包含自我纠正；(3) 回答显示出犹豫（定义为在发音人作出回答之前发出的长"嗯"声）；(4) 在回答句中，发音人就词或者语序的选择偏离目标句；在所有获取的语料中，72%的回答句（n=1443）纳入到了下一步的语音分析中。具体说来，6岁至7岁双语儿童产出的所有回答句中，54%的回答句纳入到下一步的分析中（n=343）；9岁至10岁双语儿童产出的所有回答句中，80%的回答句纳入到下一步的分析中（n=514）；12岁至13岁双语儿童产出的所有回答句中，80%的回答句纳入到下一步的分析中（n=576）。

动词是本研究的韵律分析目标。动词在窄焦点（NF-m）、宽焦点（BF）和对比焦点（CF-m）条件中是焦点成分，在句首窄焦点（NF-i）条件中是焦点后成分，在句末窄焦点（NF-f）条件中是焦点前成分。这样的设计是为了保证能够考察焦点和焦点类型对动词音高和时长的影响。本研究采用 Praat 语音分析软件（Boersma & Weenink, 2006）进行分析，根据声波图、宽带频谱图、音高线和听觉感知（Turk, Nakai & Sugahara, 2006）来对动词进行声学标注。两个音高相关和两个音段相关的标注点插入到每一个动词的标注中，包括：音高最大值、音高最小值、词起点、词终点。

根据前人研究，本研究在插入音高最大值和音高最小值的标注点时，将标准汉语中各声调不同的声调目标也考虑入内（Xu, 1999; Xu & Wang, 2001; Yang & Chen, 2017）。具体说来，阴平/Tone 1

是高平调。但是笔者观察到，阴平/Tone 1 在语流中出现时，音高曲线呈现轻微上扬；在句中位置出现时，音高曲线偶尔会呈现出轻微下降。因此，在标注时，对于音高曲线呈现轻微上扬的阴平/Tone 1，音高最大值取值点在音高最小值取值点之后；而在出现轻微下降音高曲线时，音高最大值取值点在音高最小值取值点之前。阳平/Tone 2 是升调，但是笔者观察到阳平/Tone 2 在句中位置出现时，其音高曲线呈现先降后升曲线。这一表现与 Xu（1997）和 Yang & Chen（2014）的发现一致。考虑到阳平/Tone 2 在语流中呈现的下降段易受前调的影响，且阳平/Tone 2 的上升段才包含了阳平/Tone 2 的声调目标，所以笔者在对阳平/Tone 2 进行标注时，取值主要在上升段中进行，且音高最大值的取值点在音高最小值的取值点之后。去声/Tone 4 也是类似的情况。去声/Tone 4 是一个降调，但是笔者观察到去声/Tone 4 在句中位置出现时，其音高曲线呈现先升后降曲线。同样，这一表现与 Xu（1997）和 Yang & Chen（2014）的发现一致。因为去声/Tone 4 在语流中呈现的上升段易受前调的影响，且下降段才是包含了去声/Tone 4 的声调目标，所以笔者在对去声/Tone 4 进行标注时，取值主要在下降段中进行，且音高最大值的取值点取在音高最小值的取值点之前。当上声/Tone 3 单独产出或位于句末时，上声/Tone 3 实现为一个降升调型；而当上声/Tone 3 在语流中位于句中位置时，其音高曲线呈现下降曲线；但上声/Tone 3 紧接在另一个上声/Tone 3 之后，其音高曲线呈现先升后降曲线。这一表现与 Xu（1997）和 Yang & Chen（2014）的发现一致。因此，在对上声/Tone 3 进行标注时，对于音高曲线呈现下降的上声/Tone 3，音高最大值取值点在音高最小值取值点之前；而对于音高曲线呈现先降后升的 Tone 3，音高最大值取值点在音高最小值取值点之后。

本研究采用自编写的 Praat 脚本对音高相关取值点的音高值（赫兹/Hz）和音段相关取值点的时间值（秒/s）进行自动抽取。每一个动词的四个声学参数被抽取出来，包括：音高最大值、音高最小值、音域（即：音高最大值和音高最小值之间的差值）、词的时长。在所有符合筛选条件的回答句中，无法从 112 个句子（占所筛选回答句的 7.8%）中获取可靠的音高信息。因而，这些回答句被排除在和音高相关的测量和分析中。

三　统计分析和结果

（一）统计分析

为了探究焦点的作用，笔者比较了动词在作为焦点成分和非焦点成分时的测量数据。也就是，NF-m 条件（动词是焦点成分）vs. NF-i 条件（动词是焦点后成分），NF-m 条件（动词是焦点成分）vs. NF-f 条件（动词是焦点前成分）；为了考察焦点域不同的焦点类型，笔者比较了动词作为焦点成分在窄焦点条件（NF-m）和宽焦点条件（BF）下的测量数据；为了考察对比度不同的焦点类型，笔者比较了动词作为焦点成分在对比焦点条件（CF-m）和非对比焦点条件（NF-m）下的测量数据。

笔者采用了 R 软件（R Core Team，2014）中的 "lme4" 程序包（Bates，Mächler，Bolker & Walker，2015）和 "lmerTest" 程序包（Kuznetsova，Brockhoff & Christensen，2013）来搭建和运行线性混合效应模型。在所有搭建的统计模型中，纳入 "声调（tone）" 和 "焦点条件（focus condition）" 作为固定变量（fixed factors），"说话人（即：发音人）" 和 "句子（即：回答句）" 作为随机变量（random factors)。在上述列出的四组对比当中,"焦点条件"有两个层级(即当前研究问题感兴趣的两种焦点条件),"声调"指的是目标动词的不同声调,包括四个层级(即:阴平/Tone 1、阳平/Tone 2、上声/Tone 3 和去声/Tone 4)。"年龄"包括三个层级(即:6—7 岁组、9—10 岁组、12—13 岁组)。结果变量/因变量是动词的时长、音域、音高最大值和音高最小值。

参考 Field, Miles & Field(2012)和 Magezi(2015),本研究采用逐步构建和检验的多层级建模方式。具体说来,搭建模型从只含有截距的截距模型(Intercept-only model)出发,逐次添加新的变量构建数据模型。然后,通过似然比检验(Likelihood-ratio test)系统地将只区别于一个新增变量的不同模型进行比较。比较结果中反映出新增变量的卡方值(χ^2)、自由度(Degrees of freedom)和 p 值(p-value)将会被汇报出来。如果 p 值小于 0.05,则说明新增变量在统计学意义上显著地提升了所构建模型的拟合度。模型搭建的具体步骤请见表 4-3。

表 4-3　　　　　　　　　模型搭建步骤一览

模型	新增变量
模型 0(Model 0)	仅纳入"说话人"、"句子"作为随机截距
模型 1(Model 1)	+声调
模型 2(Model 2)	+焦点条件
模型 3(Model 3)	+声调:焦点条件
模型 4(Model 4)	+年龄
模型 5(Model 5)	+年龄:焦点条件
模型 6(Model 6)	+年龄:声调
模型 7(Model 7)	+焦点条件:声调:年龄

进行模型搭建时,只有在统计学意义上能显著提高模型拟合度

的变量和交互效应才能被逐层保留,直到达到拟合度最高的最佳模型。当拟合度最高的最佳模型建立后,本研究只归纳和理解最佳模型。对于每一个分析,本研究首先汇报模型比较的结果,然后汇报最佳模型的参数估计值。鉴于本研究主要关注的是在结果变量/因变量中焦点的作用,在下文的分析中,涉及焦点的主效应和交互效应将作为重点进行阐释。如果最佳模型包含涉及焦点条件、年龄和声调的三方交互效应,那么本研究将通过检验每一个年龄组中焦点条件和声调的交互效应来讨论来自不同年龄组的发音人是如何在各个声调中来区分两种不同的焦点条件的。如果最佳模型包含涉及到焦点条件和年龄的交互效应,那么本研究将通过检验每一个年龄组中焦点条件的主效应来讨论来自不同年龄组的发音人是如何区分两种不同的焦点条件的。然而,本研究对涉及焦点条件、年龄和声调的交互效应中的主效应不做进一步讨论;对涉及焦点条件、年龄和声调的三方交互效应(three-way interactions)中的两方交互效应(two-way interaction)不做进一步讨论;对其他因素所产生的主效应和交互效应的细节不作进一步讨论。

(二) 时长

1. 焦点效应:焦点 vs. 非焦点

窄焦点vs. 焦点后 (NF-m vs. NF-i)。测试焦点(焦点 vs. 焦点后)在时长上表现的模型搭建细节请见表 4-3。模型的拟合度比较结果请见表 4-4。如表所示,拟合度最高的最佳模型包括声调的主效应,$\chi^2(3) = 12.167$,$p < 0.01$;焦点条件的主效应,$\chi^2(1) = 9.469$,$p < 0.01$,年龄和声调的交互效应,$\chi^2(6) = 22.259$,$p < 0.01$。最佳模型的具体参数估计值请见表 4-5。具体说来,焦点条件的主效应表现

为：在任一声调，当动词在窄焦点中是焦点成分时（224.2 ms，SD = 70.4），时长比其是焦点后成分时（205.7 ms，SD = 57），显著要长（$b=16.235$，$df=32.2$，$t=3.319$，$p<0.01$），如图 4-2 所示。

表 4-4　　　时长作为结果变量：窄焦点（NF-m）vs. 焦点后（NF-i）模型拟合度分析一览

模型	N_{pars}	-2 LLR	比较 模型	$\Delta\chi^2$	Δdf	p
0（仅纳入"说话人"、"句子"作为随机截距）	4	-3242.7				
1 + 声调	7	-3236.6	0 vs 1	12.167	3	0.007 **
2 + 焦点条件	8	-3231.9	1 vs 2	9.469	1	0.002 **
3 + 声调：焦点条件	11	-3230.4	2 vs 3	2.818	3	0.421
4 + 年龄	13	-3227.9	3 vs 4	5.068	2	0.079
5 + 年龄：焦点条件	15	-3226.1	4 vs 5	3.582	2	0.167
6 + 年龄：声调	21	-3215.0	5 vs 6	22.259	6	0.001 **
7 + 焦点条件：声调：年龄	27	-3210.8	6 vs 7	8.420	6	0.209

注："$\Delta\chi^2$"表示的是卡方值的变化，"Δdf"表示的是自由度的变化。

表 4-5　　　时长，窄焦点（NF-m）vs. 焦点后（NF-i），最佳模型的参数估计值一览

	Estimate	SE	df	t value	Pr (>|t|)
固定变量					
截距（Intercept）	255.277	19.114	35.1	13.356	0.000 ***
阳平（Tone 2）	-4.626	10.464	150.0	-0.442	0.659
上声（Tone 3）	-48.482	10.247	140.5	-4.731	0.000 ***
去声（Tone 4）	3.085	10.424	147.7	0.296	0.768
窄焦点（Narrow focus）	16.235	4.892	32.2	3.319	0.002 **
9—10 岁	-42.358	25.829	29.5	-1.640	0.112
12—13 岁	-63.048	25.156	29.8	-2.506	0.018 *
阳平（Tone 2）：9—10 岁	10.405	11.307	580.1	0.920	0.358
上声（Tone 3）：9—10 岁	30.203	11.116	579.4	2.717	0.007 **

续表

	Estimate	SE	df	t value	Pr（＞｜t｜）
去声（Tone 4）：9—10 岁	-16.549	11.338	584.0	-1.460	0.145
阳平（Tone 2）：12—13 岁	10.199	11.246	579.8	0.907	0.365
上声（Tone 3）：12—13 岁	30.662	10.962	580.0	2.797	0.005**
去声（Tone 4）：12—13 岁	-13.780	11.208	583.4	-1.229	0.219
随机变量	名称	S^2	SE		
句子（Sentence）	Intercept	119.2	10.92		
发音人（Speaker）	Intercept	2382.6	48.81		
余量（Residual）		1376.7	37.10		

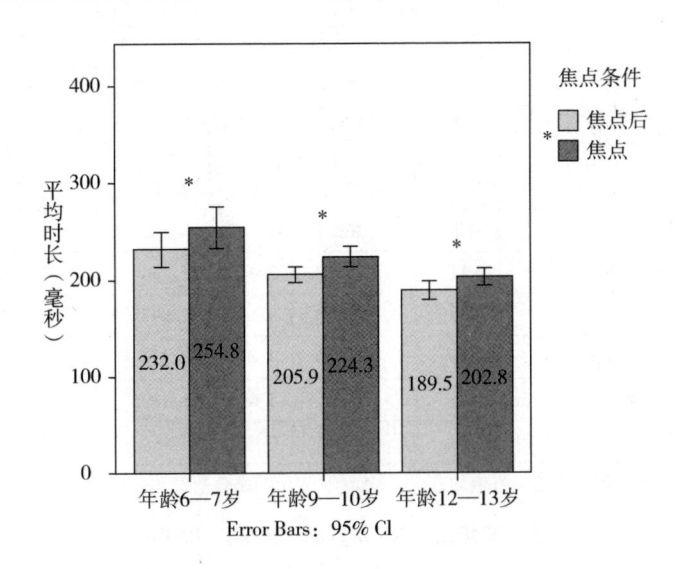

图 4–2 三个年龄组中焦点后成分的平均时长（毫秒）vs. 焦点成分的平均时长（毫秒），显著性差异用星号 * 标示

窄焦点vs. 焦点前（NF-m vs. NF-f）。测试焦点（焦点 vs. 焦点前）在时长上表现的模型搭建细节请见表 4–3。模型的拟合度比较结果请见表 4–6。如表所示，拟合度最高的最佳模型包括声调的主效应，χ^2（3）= 20.381，$p < 0.001$，焦点条件的主效应，χ^2（1）= 5.585，$p < 0.05$，年龄和声调的交互效应，χ^2（6）= 35.339，$p < 0.001$。最

佳模型的具体参数估计值请见表4-7。具体说来，焦点条件的主效应表现为：在任一声调，当动词在窄焦点中是焦点成分时（224.2 ms，SD = 70.4），时长比其是焦点前成分时（224.2 ms，SD = 70.4），显著要长（$b = 12.037$，$df = 31.4$，$t = 2.588$，$p < 0.05$），如图4-3所示。

表4-6　　　　时长作为结果变量：窄焦点（NF-m）vs.
焦点前（NF-f）模型拟合度分析一览

模型	N_{pars}	-2 LLR	比较		
			模型	$\Delta\chi^2$	Δdf	p
0（仅纳入"说话人"、"句子"作为随机截距）	4	-3179.1				
1 +声调	7	-3168.9	0 vs 1	20.381	3	0.000***
2 +焦点条件	8	-3166.1	1 vs 2	5.585	1	0.018*
3 +声调：焦点条件	11	-3164.8	2 vs 3	2.756	3	0.431
4 +年龄	13	-3161.8	3 vs 4	5.897	2	0.052
5 +年龄：焦点条件	15	-3160.9	4 vs 5	1.773	2	0.412
6 +年龄：声调	21	-3143.2	5 vs 6	35.339	6	0.000***
7 +焦点条件：声调：年龄	27	-3140.5	6 vs 7	5.488	6	0.483

注："$\Delta\chi^2$"表示的是卡方值的变化，"Δdf"表示的是自由度的变化。

表4-7　　　　时长，窄焦点（NF-m）vs. 焦点前（NF-f），
最佳模型的参数估计值一览

固定变量	Estimate	SE	df	t value	Pr（>|t|）
截距（Intercept）	268.760	19.633	35.3	13.689	0.000***
阳平（Tone 2）	3.006	10.651	177.8	0.282	0.778
上声（Tone 3）	-66.216	10.532	174.5	-6.287	0.000***
去声（Tone 4）	-6.360	10.395	165.4	-0.612	0.541
窄焦点（Narrow focus）	12.037	4.651	31.4	2.588	0.015*
9—10岁	-57.939	26.635	30.1	-2.175	0.038*

续表

	Estimate	SE	*df*	*t* value	Pr（>|t|）
12—13 岁	-77.855	25.906	30.2	-3.005	0.005**
阳平（Tone 2）：9—10 岁	14.498	12.039	562.5	1.204	0.229
上声（Tone 3）：9—10 岁	48.927	12.073	560.9	4.053	0.000**
去声（Tone 4）：9—10 岁	-1.160	11.910	566.8	-0.097	0.922
阳平（Tone 2）：12—13 岁	12.054	11.863	564.5	1.016	0.310
上声（Tone 3）：12—13 岁	56.484	11.672	561.3	4.839	0.000***
去声（Tone 4）：12—13 岁	-0.999	11.645	564.1	-0.086	0.932
随机变量	名称	S^2	SE		
句子（Sentence）	Intercept	90.82	9.53		
发音人（Speaker）	Intercept	2507.81	50.08		
余量（Residual）		1510.00	38.86		

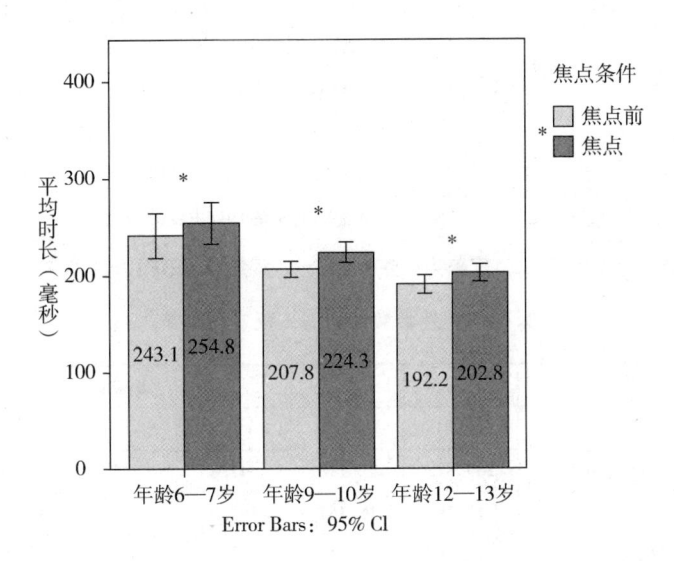

图 4-3 三个年龄组中焦点前成分的平均时长（毫秒）vs. 焦点成分的平均时长（毫秒），显著性差异用星号 * 标示

2. 焦点域效应：窄焦点（NF-m）vs. 宽焦点（BF）

模型的拟合度比较结果请见表 4-8。如表所示，拟合度最高的

最佳模型是模型7，这个模型包括一个声调、焦点条件和年龄的三方交互效应（three-way interactions），χ^2（6）=13.124，$p<0.05$。最佳模型的具体参数估计值请见表4-9。

表4-8　　　时长作为结果变量：窄焦点（NF-m）vs. 宽焦点（BF）模型拟合度分析一览

模型	N$_{pars}$	-2 LLR	比较 模型	$\Delta \chi^2$	Δdf	p
0（仅纳入"说话人"、"句子"作为随机截距）	4	-2867.7				
1+声调	7	-2858.6	0 vs 1	18.078	3	0.000***
2+焦点条件	8	-2858.2	1 vs 2	0.889	1	0.346
3+声调：焦点条件	11	-2857.9	2 vs 3	0.499	3	0.919
4+年龄	13	-2854.6	3 vs 4	6.575	2	0.037*
5+年龄：焦点条件	15	-2853.3	4 vs 5	2.745	2	0.254
6+年龄：声调	21	-2846.6	5 vs 6	13.267	6	0.039*
7+焦点条件：声调：年龄	27	-2840.1	6 vs 7	13.124	6	0.041*

注："$\Delta \chi^2$"表示的是卡方值的变化，"Δdf"表示的是自由度的变化。

表4-9　　　时长，窄焦点（NF-m）vs. 宽焦点（BF），最佳模型的参数估计值一览（模型7）

	Estimate	SE	df	t value	Pr（>|t|）
固定变量					
截距（Intercept）	269.838	22.118	47.8	12.2	0.000***
阳平（Tone 2）	17.387	16.851	212.2	1.032	0.303
上声（Tone 3）	-11.252	17.544	237.5	-0.641	0.522
去声（Tone 4）	3.852	19.8	311.4	0.195	0.846
窄焦点（Narrow focus）	15.738	16.928	215.5	0.930	0.354
9—10岁	-34.54	29.698	39.4	-1.163	0.252
12—13岁	-63.92	28.806	39.1	-2.219	0.032*
阳平（Tone 2）：窄焦点	-27.385	22.744	186.5	-1.204	0.230
上声（Tone 3）：窄焦点	-63.502	23.279	199.7	-2.728	0.007**

续表

	Estimate	SE	df	t value	Pr（>｜t｜）
去声（Tone 4）：窄焦点	-3.234	24.942	241.2	-0.130	0.897
窄焦点：9—10岁	-23.612	19.273	504.6	-1.225	0.221
窄焦点：12—13岁	-17.623	18.751	501.4	-0.940	0.348
阳平（Tone 2）：9—10岁	-6.969	19.503	502.5	-0.357	0.721
上声（Tone 3）：9—10岁	-6.892	20.157	504.0	-0.342	0.733
去声（Tone 4）：9—10岁	8.394	23.185	506.7	0.362	0.717
阳平（Tone 2）：12—13岁	-11.732	18.9	499.5	-0.621	0.535
上声（Tone 3）：12—13岁	-16.705	19.644	499.0	-0.850	0.396
去声（Tone 4）：12—13岁	-11.746	21.981	503.9	-0.534	0.593
阳平：窄焦点：9—10岁	28.438	25.987	501.3	1.094	0.274
上声：窄焦点：9—10岁	63.904	26.582	501.5	2.404	0.017*
去声：窄焦点：9—10岁	-16.172	28.898	504.7	-0.560	0.576
阳平：窄焦点：12—13岁	32.129	25.472	498.7	1.261	0.208
上声：窄焦点：12—13岁	75.556	25.950	499.4	2.912	0.004**
去声：窄焦点：12—13岁	1.442	27.7	501.7	0.052	0.959
随机变量	名称	S^2	SE		
句子（Sentence）	Intercept	94.94	9.744		
发音人（Speaker）	Intercept	2697.23	51.935		
余值（Residual）		1574.52	39.680		

就该模型中的声调、焦点条件和年龄的三方交互效应，笔者通过在每一个年龄组中检验焦点条件和声调的两方交互效应分析来探索此三方交互效应（three-way interactions）的细节。在6岁至7岁年龄组中，进一步的分析未能揭示焦点条件的主效应（$p=0.396$），且未能揭示焦点条件和声调的交互效应（$p=0.133$）。这说明，这一年龄组的儿童在任一声调中均未通过变化时长来区分窄焦点和宽焦点。在9岁至10岁年龄组中，进一步的分析未能揭示焦点条件的主效应（$p=0.068$），且未能揭示焦点条件和声调的交互效应（$p=0.595$）。这说明，这一年龄组的儿童在任一声调中均未通过变化时长来区分

窄焦点和宽焦点。在 12 岁至 13 岁年龄组中,进一步的分析未能揭示焦点条件的主效应($p=0.658$),且未能揭示焦点条件和声调的交互效应($p=0.722$)。这说明,这一年龄组的儿童在任一声调中均未通过变化时长来区分窄焦点和宽焦点。然后,笔者进一步通过在每一个焦点条件中检验声调和年龄的两方交互效应来探索在当前模型中声调、焦点条件和年龄的三方交互效应(three-way interactions)的细节。进一步的分析揭示了在窄焦点条件下,年龄和声调的交互效应($p<0.001$)。但这一的交互效应并不存在于宽焦点条件下($p=0.803$)。

因而,没有证据能够表明任一年龄组的双语儿童通过使用时长在任一声调中区分窄焦点和宽焦点。声调、焦点条件和年龄的三方交互效应的视觉化展示可见图 4-4。

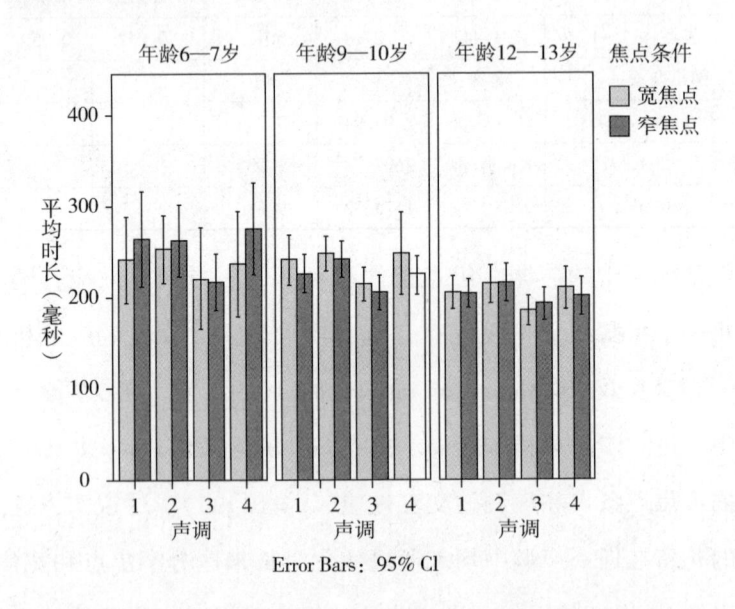

图 4-4 三个年龄组在四个不同声调中的宽焦点条件下焦点成分平均时长(毫秒)vs. 窄焦点条件下焦点成分平均时长(毫秒),显著性差异用星号 * 标示

3. 焦点对比度效应：对比焦点（CF-m）vs. 窄焦点（NF-m）

模型的拟合度比较结果请见表 4–10。如表所示，拟合度最高的最佳模型是模型 7（Model 7），这个模型包括一个声调、焦点条件和年龄的三方交互效应（three-way interactions），χ^2（6）= 21.14，$p < 0.01$。最佳模型的具体参数估计值请见表 4–11。

表 4–10　时长作为结果变量：窄焦点（NF-m）vs. 对比焦点（CF-m）模型拟合度分析一览

模型	N$_{pars}$	−2 LLR	比较模型	$\Delta\chi^2$	Δdf	p
0（仅纳入"说话人"、"句子"作为随机截距）	4	−3133.0				
1 + 声调	7	−3124.6	0 vs 1	16.74	3	0.000***
2 + 焦点条件	8	−3123.9	1 vs 2	1.504	1	0.220
3 + 声调：焦点条件	11	−3123.3	2 vs 3	1.046	3	0.79
4 + 年龄	13	−3120.8	3 vs 4	5.161	2	0.076
5 + 年龄：焦点条件	15	−3120.7	4 vs 5	0.066	2	0.967
6 + 年龄：声调	21	−3114.9	5 vs 6	11.727	6	0.068
7 + 焦点条件：声调：年龄	27	−3104.3	6 vs 7	21.14	6	0.002**

注："$\Delta\chi^2$"表示的是卡方值的变化，"Δdf"表示的是自由度的变化。

表 4–11　时长，窄焦点（NF-m）vs. 对比焦点（CF-m），最佳模型的参数估计值一览（模型 7）

固定变量	Estimate	SE	df	t value	Pr（>|t|）
截距（Intercept）	280.254	21.531	46.9	13.016	0.000***
阳平（Tone 2）	12.601	16.318	202.6	0.772	0.441
上声（Tone 3）	−36.576	16.155	189.1	−2.264	0.025*
去声（Tone 4）	−34.716	15.168	159.8	−2.289	0.023*
窄焦点（Narrow focus）	−2.723	16.482	206.0	−0.165	0.869
9—10 岁	−40.877	28.853	38.7	−1.417	0.165

续表

	Estimate	SE	df	t value	Pr（>｜t｜）
12—13 岁	-67.460	28.036	38.7	-2.406	0.021*
阳平（Tone 2）：窄焦点	-22.902	22.638	190.2	-1.012	0.313
上声（Tone 3）：窄焦点	-35.999	22.567	183.8	-1.595	0.112
去声（Tone 4）：窄焦点	39.473	21.469	160.5	1.839	0.068
窄焦点：9—10 岁	-9.896	18.793	546.4	-0.527	0.599
窄焦点：12—13 岁	-6.121	18.356	542.3	-0.333	0.739
阳平（Tone 2）：9—10 岁	-16.131	18.801	541.8	-0.858	0.391
上声（Tone 3）：9—10 岁	13.051	19.086	547.9	0.684	0.494
去声（Tone 4）：9—10 岁	23.191	17.815	543.4	1.302	0.194
阳平（Tone 2）：12—13 岁	-12.901	18.601	542.1	-0.694	0.488
上声（Tone 3）：12—13 岁	12.421	18.367	543.5	0.676	0.499
去声（Tone 4）：12—13 岁	36.321	17.328	537.8	2.096	0.037*
阳平：窄焦点：9—10 岁	38.240	25.873	544.1	1.478	0.140
上声：窄焦点：9—10 岁	41.606	26.242	547.7	1.585	0.113
去声：窄焦点：9—10 岁	-35.829	24.996	545.8	-1.433	0.152
阳平：窄焦点：12—13 岁	34.034	25.658	543.4	1.326	0.185
上声：窄焦点：12—13 岁	44.068	25.457	546.3	1.731	0.084
去声：窄焦点：12—13 岁	-51.241	24.394	542.4	-2.101	0.036*
随机变量	名称	S^2	SE		
句子（Sentence）	Intercept	92.14	9.599		
发音人（Speaker）	Intercept	2569.88	50.694		
余值（Residual）		1683.68	41.033		

笔者接着通过在每一个年龄组中检验焦点条件和声调的两方交互效应来探索在当前模型中声调、焦点条件和年龄的三方交互效应（three-way interactions）的细节。在 6 岁至 7 岁年龄组中，进一步的分析未能揭示焦点条件的主效应（$p=0.714$），但是却发现焦点条件和声调存在交互效应（$p<0.05$）。笔者观察到，在窄焦点条件下，去声（Tone 4）动词的时长平均要比其在对比焦点条件下长（36.1 ms）。但是阴平（Tone 1）、阳平（Tone 2）和上声（Tone 3）动词都未出

现类似情况。笔者接着通过在6岁至7岁年龄组中检验焦点条件和声调的两方交互效应来探索在当前模型中焦点条件的作用。在6岁至7岁年龄组中，进一步的分析未能揭示阴平调（Tone 1）中焦点条件的主效应（$p=0.922$），在阳平调（Tone 2）中也未能揭示焦点条件的主效应（$p=0.228$），在上声调（Tone 3）中也未能揭示焦点条件的主效应（$p=0.152$），在去声调（Tone 4）中焦点条件的主效应只是接近显著（$p=0.099$）。以上分析表明6岁至7岁的双语儿童并未通过变化时长在任一声调中区分对比焦点和非对比焦点（窄焦点）。在9岁至10岁年龄组中，进一步的分析未能揭示焦点条件的主效应（$p=0.263$），且未能揭示焦点条件和声调的交互效应（$p=0.777$）。这说明，9岁至10岁年龄组的双语儿童在任一声调中均未通过变化时长来区分对比焦点和非对比焦点（窄焦点）。在12岁至13岁年龄组中，进一步的分析未能揭示焦点条件的主效应（$p=0.203$），且未能揭示焦点条件和声调的交互效应（$p=0.459$）。这说明，12岁至13岁年龄组的儿童在任一声调中均未通过变化时长来区分对比焦点和非对比焦点（窄焦点）。

因而，没有证据能够表明任一年龄组的双语儿童通过使用时长在任一声调中区分对比焦点和非对比焦点（窄焦点）。声调、焦点条件和年龄的三方交互效应的视觉化展示可见图4-5。

（三）音域

1. 焦点效应：焦点 vs. 非焦点

窄焦点vs. 焦点后（NF-m vs. NF-i）。模型的拟合度比较结果请见表4-12。如表所示，拟合度最高的最佳模型是模型7（Model 7），这个模型包括一个声调、焦点条件和年龄的三方交互效应（three-

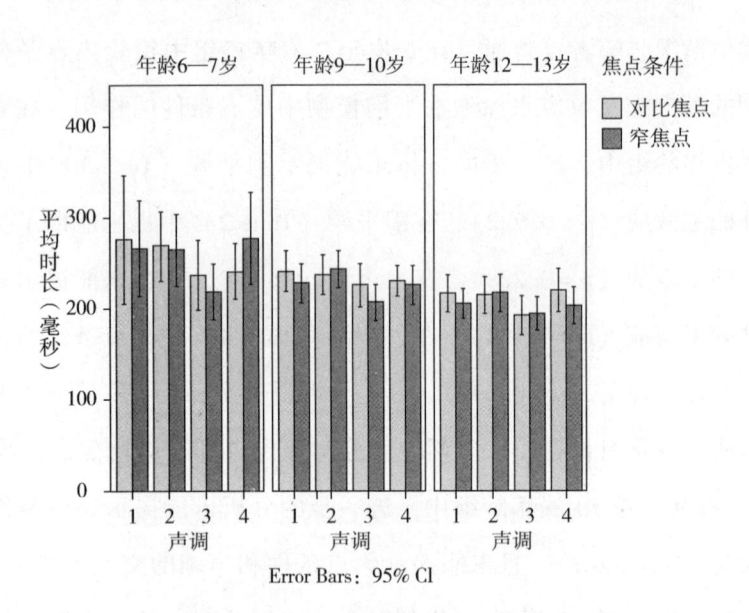

图 4–5　三个年龄组在四个不同声调中的对比焦点条件下焦点成分平均时长（毫秒）vs. 窄焦点条件下焦点成分平均时长（毫秒），显著性差异用星号 * 标示

way interactions），χ^2 (6) = 13.009，$p < 0.05$。最佳模型的具体参数估计值请见表 4–13。

表 4–12　　　音域作为结果变量：窄焦点（NF-m）vs. 焦点后（NF-i）模型拟合度分析一览

模型	N_{pars}	–2 LLR	比较			
^	^	^	模型	$\Delta\chi^2$	Δdf	p
0（仅纳入"说话人"、"句子"作为随机截距）	4	–2595.4				
1 + 声调	7	–2581.9	0 vs 1	27.08	3	0.000***
2 + 焦点条件	8	–2581.7	1 vs 2	0.232	1	0.630
3 + 声调：焦点条件	11	–2581.1	2 vs 3	1.232	3	0.745
4 + 年龄	13	–2574.1	3 vs 4	14.126	2	0.000***

第四章　白汉双语儿童的韵律焦点编码习得研究

续表

模型	N_{pars}	−2 LLR	比较 模型	Δχ²	Δdf	p
5＋年龄：焦点条件	15	−2573.4	4 vs 5	1.409	2	0.494
6＋年龄：声调	21	−2564.7	5 vs 6	17.397	6	0.008**
7＋焦点条件：声调：年龄	27	−2558.2	6 vs 7	13.009	6	0.043*

注："Δχ²"表示的是卡方值的变化，"Δdf"表示的是自由度的变化。

表4−13　音域，窄焦点（NF-m）vs. 焦点后（NF-i），
最佳模型的参数估计值一览（模型7）

固定变量	Estimate	SE	df	t value	Pr（>｜t｜）
截距（Intercept）	37.088	6.787	108.7	5.464	0.000***
阳平（Tone 2）	3.139	9.084	129.5	0.346	0.730
上声（Tone 3）	41.318	8.402	98.3	4.918	0.000***
去声（Tone 4）	6.339	8.849	115.6	0.716	0.475
窄焦点（Narrow focus）	−5.170	8.710	112.1	−0.656	0.513
9—10 岁	−13.169	7.486	112.7	−1.759	0.081
12—13 岁	−16.146	7.449	122.0	−2.168	0.032*
阳平（Tone 2）：窄焦点	1.709	12.579	120.4	0.136	0.892
上声（Tone 3）：窄焦点	−7.930	12.131	106.4	−0.654	0.515
去声（Tone 4）：窄焦点	22.680	12.203	107.2	1.859	0.066
窄焦点：9—10 岁	2.786	8.652	523.6	0.322	0.748
窄焦点：12—13 岁	9.322	8.610	523.5	1.083	0.279
阳平（Tone 2）：9—10 岁	−1.184	9.264	525.5	−0.128	0.898
上声（Tone 3）：9—10 岁	−23.177	8.387	524.9	−2.763	0.006**
去声（Tone 4）：9—10 岁	4.325	8.836	537.1	0.489	0.625
阳平（Tone 2）：12—13 岁	−10.982	9.096	525.8	−1.207	0.228
上声（Tone 3）：12—13 岁	−23.770	8.432	526.2	−2.819	0.005**
去声（Tone 4）：12—13 岁	11.067	8.928	536.5	1.240	0.216
阳平：窄焦点：9—10 岁	−1.512	12.732	526.4	−0.119	0.906
上声：窄焦点：9—10 岁	19.138	12.151	523.6	1.575	0.116
去声：窄焦点：9—10 岁	−8.898	12.194	525.9	−0.730	0.466

续表

	Estimate	SE	*df*	*t* value	Pr（>｜t｜）
阳平：窄焦点：12—13 岁	-0.537	12.666	527.2	-0.042	0.966
上声：窄焦点：12—13 岁	2.151	12.091	524.7	0.178	0.859
去声：窄焦点：12—13 岁	-27.927	12.196	525.1	-2.290	0.022*
随机变量	名称	S^2	SE		
句子（Sentence）	Intercept	56.23	7.518		
发音人（Speaker）	Intercept	80.38	8.966		
余值（Residual）		388.56	19.712		

笔者接着通过在每一个年龄组中检验焦点条件和声调的两方交互效应来探索在当前模型中声调、焦点条件和年龄的三方交互效应（three-way interactions）的细节。在6岁至7岁年龄组中，进一步的分析未能揭示焦点条件的主效应（$p=0.669$），且未能揭示焦点条件和声调之间存在交互效应（$p=0.247$）。这一结果表明，6岁至7岁的白汉双语儿童并未在任一声调中通过变化音域来区分窄焦点和焦点后。在9岁至10岁年龄组中，进一步的分析未能揭示焦点条件的主效应（$p=0.371$），且未能揭示焦点条件和声调之间存在交互效应（$p=0.319$）。这一结果表明，6岁至7岁白汉双语儿童并未在任一声调中通过变化音域来区分窄焦点和焦点后。在12岁至13岁年龄组中，进一步的分析未能揭示焦点条件的主效应（$p=0.710$），且未能揭示焦点条件和声调之间存在交互效应（$p=0.784$）。这一结果表明，12岁至13岁白汉双语儿童并未在任一声调中通过变化音域来区分窄焦点和焦点后。笔者接着通过在每一种焦点条件中检验声调和年龄的两方交互效应来探索在当前模型中焦点条件、声调和年龄的三方交互效应。进一步的分析显示，在焦点后条件中存在年龄和声调的交互效应（$p<0.01$），但在窄焦点条件中却未发现年龄和声调的交互效应（$p=0.175$）。

因而，没有证据能够表明任一年龄组的双语儿童通过变化音域在任一声调中区分窄焦点和焦点后。声调、焦点条件和年龄的三方交互效应的视觉化展示可见图4-6。

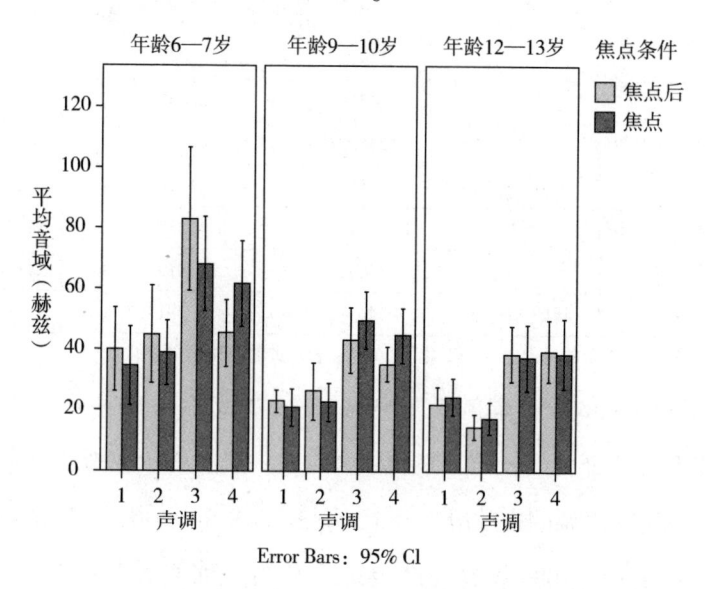

图4-6 三个年龄组在四个不同声调中的焦点成分平均音域（赫兹）vs. 焦点后成分平均音域（赫兹），显著性差异用星号 * 标示

窄焦点 vs. 焦点前（NF-m vs. NF-f）。模型的拟合度比较结果请见表4-14。如表所示，拟合度最高的最佳模型包括声调的主效应，$\chi^2(3)=28.047$，$p<0.001$，年龄的主效应，$\chi^2(2)=11.73$，$p<0.01$。因而，没有证据能够表明任一年龄组的双语儿童通过使用音域变化在任一声调中区分窄焦点和焦点前。

表4-14 音域作为结果变量：窄焦点（**NF-m**）vs.
焦点前（**NF-f**）模型拟合度分析一览

模型	N_{pars}	-2 LLR	比较			
^	^	^	模型	$\Delta\chi^2$	Δdf	p
0（仅纳入"说话人"、"句子"作为随机截距）	4	-2471.8				

续表

模型	N$_{pars}$	-2 LLR	比较 模型	$\Delta\chi^2$	Δdf	p
1+声调	7	-2457.8	0 vs 1	28.047	3	0.000***
2+焦点条件	8	-2457.8	1 vs 2	0.005	1	0.943
3+声调：焦点条件	11	-2457.7	2 vs 3	0.186	3	0.980
4+年龄	13	-2451.9	3 vs 4	11.73	2	0.003**
5+年龄：焦点条件	15	-2451.2	4 vs 5	1.259	2	0.533
6+年龄：声调	21	-2445.8	5 vs 6	10.819	6	0.094
7+焦点条件：声调：年龄	27	-2443.2	6 vs 7	5.291	6	0.507

注："$\Delta\chi^2$"表示的是卡方值的变化，"Δdf"表示的是自由度的变化。

2. 焦点域效应：窄焦点（NF-m）vs. 宽焦点（BF）

模型的拟合度比较结果请见表4-15。如表所示，拟合度最高的最佳模型包括声调的主效应，$\chi^2(3)=31.633$，$p<0.001$，年龄的主效应，$\chi^2(2)=11.708$，$p<0.01$。因而，没有证据能够表明任一年龄组的双语儿童通过使用音域变化在任一声调中区分窄焦点和宽焦点。

表4-15　　音域作为结果变量：窄焦点（NF-m）vs. 宽焦点（BF）模型拟合度分析一览

模型	N$_{pars}$	-2 LLR	比较 模型	$\Delta\chi^2$	Δdf	p
0（仅纳入"说话人"、"句子"作为随机截距）	4	-2291.1				
1+声调	7	-2275.3	0 vs 1	31.633	3	0.000***
2+焦点条件	8	-2275.3	1 vs 2	0.001	1	0.973
3+声调：焦点条件	11	-2275.0	2 vs 3	0.525	3	0.913
4+年龄	13	-2269.2	3 vs 4	11.708	2	0.003**
5+年龄：焦点条件	15	-2269.0	4 vs 5	0.235	2	0.889
6+年龄：声调	21	-2266.6	5 vs 6	4.816	6	0.568
7+焦点条件：声调：年龄	27	-2262.2	6 vs 7	8.954	6	0.176

注："$\Delta\chi^2$"表示的是卡方值的变化，"Δdf"表示的是自由度的变化。

3. 焦点对比度效应：对比焦点（CF-m）vs. 窄焦点（NF-m）

模型的拟合度比较结果请见表4-16。如表所示，拟合度最高的最佳模型包括声调和年龄的交互效应，$\chi^2(6) = 15.072$，$p < 0.05$。因而，没有证据能够表明任一年龄组的双语儿童通过使用音域变化在任一声调中区分对比焦点和非对比焦点（窄焦点）。

表4-16　　音域作为结果变量：对比焦点（CF-m）vs.
窄焦点（NF-m）模型拟合度分析一览

模型	N_{pars}	-2 LLR	比较模型	$\Delta\chi^2$	Δdf	p
0（仅纳入"说话人"、"句子"作为随机截距）	4	-2508.5				
1 + 声调	7	-2494.0	0 vs 1	28.981	3	0.000***
2 + 焦点条件	8	-2493.6	1 vs 2	0.773	1	0.379
3 + 声调：焦点条件	11	-2493.2	2 vs 3	0.931	3	0.818
4 + 年龄	13	-2488.2	3 vs 4	9.920	2	0.007**
5 + 年龄：焦点条件	15	-2487.4	4 vs 5	1.651	2	0.438
6 + 年龄：声调	21	-2479.8	5 vs 6	15.072	6	0.020*
7 + 焦点条件：声调：年龄	27	-2474.1	6 vs 7	11.442	6	0.076

注："$\Delta\chi^2$"表示的是卡方值的变化，"Δdf"表示的是自由度的变化。

（四）音高最大值

1. 焦点效应：焦点 vs. 非焦点

窄焦点 vs. 焦点后（NF-m vs. NF-i）。模型的拟合度比较结果请见表4-17。如表所示，拟合度最高的最佳模型包括声调和年龄的交互效应，$\chi^2(6) = 15.108$，$p < 0.05$。因而，没有证据能够表明任一年龄组的双语儿童通过变化音高最大值在任一声调中区分窄焦点和焦点后。

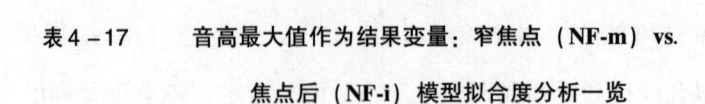

表4-18　　音高最大值作为结果变量：窄焦点（NF-m）vs.
焦点后（NF-i）模型拟合度分析一览

模型	N_{pars}	-2 LLR	比较			
			模型	$\Delta\chi^2$	Δdf	p
0（仅纳入"说话人"、"句子"作为随机截距）	4	-2719.9				
1+声调	7	-2687.6	0 vs 1	64.679	3	0.000***
2+焦点条件	8	-2687.0	1 vs 2	1.099	1	0.294
3+声调：焦点条件	11	-2684.4	2 vs 3	5.102	3	0.165
4+年龄	13	-2679.6	3 vs 4	9.716	2	0.008**
5+年龄：焦点条件	15	-2679.5	4 vs 5	0.163	2	0.922
6+年龄：声调	21	-2672.0	5 vs 6	15.108	6	0.019*
7+焦点条件：声调：年龄	27	-2666.1	6 vs 7	11.636	6	0.071

注："$\Delta\chi^2$"表示的是卡方值的变化，"Δdf"表示的是自由度的变化。

窄焦点vs. 焦点前（NF-m vs. NF-f）。模型的拟合度比较结果请见表4-18。如表所示，拟合度最高的最佳模型包括声调和年龄的交互效应，$\chi^2(6) = 44.028$，$p < 0.001$。因而，没有证据能够表明任一年龄组的双语儿童通过变化音高最大值在任一声调中区分窄焦点和焦点前。

表4-18　　音高最大值作为结果变量：窄焦点（NF-m）vs.
焦点前（NF-f）模型拟合度分析一览

模型	N_{pars}	-2 LLR	比较			
			模型	$\Delta\chi^2$	Δdf	p
0（仅纳入"说话人"、"句子"作为随机截距）	4	-2577.2				
1+声调	7	-2536.8	0 vs 1	80.836	3	0.000***
2+焦点条件	8	-2536.8	1 vs 2	0.006	1	0.941
3+声调：焦点条件	11	-2536.1	2 vs 3	1.341	3	0.720
4+年龄	13	-2531.0	3 vs 4	10.204	2	0.006**
5+年龄：焦点条件	15	-2531	4 vs 5	0.003	2	0.999

续表

模型	N$_{pars}$	−2 LLR	比较 模型	Δχ^2	Δdf	p
6 + 年龄：声调	21	−2509	5 vs 6	44.028	6	0.000***
7 + 焦点条件：声调：年龄	27	−2508.2	6 vs 7	1.643	6	0.950

注："Δχ^2"表示的是卡方值的变化，"Δdf"表示的是自由度的变化。

2. 焦点域效应：窄焦点（NF-m）vs. 宽焦点（BF）

模型的拟合度比较结果请见表 4−19。如表所示，拟合度最高的最佳模型包括声调和年龄的交互效应，$\chi^2(6)=34.076$，$p<0.001$。因而，没有证据能够表明任一年龄组的双语儿童通过变化音高最大值在任一声调中区分窄焦点和宽焦点。

表 4−19　音高最大值作为结果变量：窄焦点（NF-m）vs. 宽焦点（BF）模型拟合度分析一览

模型	N$_{pars}$	−2 LLR	比较 模型	Δχ^2	Δdf	p
0（仅纳入"说话人"、"句子"作为随机截距）	4	−2338.5				
1 + 声调	7	−2300.8	0 vs 1	75.384	3	0.000***
2 + 焦点条件	8	−2300.8	1 vs 2	0.010	1	0.921
3 + 声调：焦点条件	11	−2300.6	2 vs 3	0.442	3	0.931
4 + 年龄	13	−2295.7	3 vs 4	9.786	2	0.007**
5 + 年龄：焦点条件	15	−2294.9	4 vs 5	1.535	2	0.464
6 + 年龄：声调	21	−2277.9	5 vs 6	34.076	6	0.000***
7 + 焦点条件：声调：年龄	27	−2276.6	6 vs 7	2.682	6	0.848

注："Δχ^2"表示的是卡方值的变化，"Δdf"表示的是自由度的变化。

3. 焦点对比度效应：对比焦点（CF-m）vs. 窄焦点（NF-m）

模型的拟合度比较结果请见表 4−20。如表所示，拟合度最高的最佳模型包括声调和年龄的交互效应，$\chi^2(6)=35.757$，$p<0.001$。因而，没有证据能够表明任一年龄组的双语儿童通过变化音高最大

值在任一声调中区分非对比焦点（窄焦点）和对比焦点。

表4-20　音高最大值作为结果变量：对比焦点（CF-m）vs.
窄焦点（NF-m）模型拟合度分析一览

模型	N_{pars}	-2 LLR	比较 模型	$\Delta\chi^2$	Δdf	p
0（仅纳入"说话人"、"句子"作为随机截距）	4	-2588.3				
1+声调	7	-2550.5	0 vs 1	75.682	3	0.000***
2+焦点条件	8	-2550.3	1 vs 2	0.333	1	0.564
3+声调：焦点条件	11	-2550.1	2 vs 3	0.345	3	0.951
4+年龄	13	-2545.1	3 vs 4	10.056	2	0.007**
5+年龄：焦点条件	15	-2545.0	4 vs 5	0.159	2	0.923
6+年龄：声调	21	-2527.2	5 vs 6	35.757	6	0.000***
7+焦点条件：声调：年龄	27	-2524.9	6 vs 7	4.503	6	0.609

注："$\Delta\chi^2$"表示的是卡方值的变化，"Δdf"表示的是自由度的变化。

（五）音高最小值

1. 焦点效应：焦点 vs. 非焦点

窄焦点vs. 焦点后（NF-m vs. NF-i）。模型的拟合度比较结果请见表4-21。如表所示，拟合度最高的最佳模型包括声调的主效应，$\chi^2(3) = 72.167$，$p < 0.001$。因而，没有证据能够表明任一年龄组的双语儿童通过变化音高最小值在任一声调中区分窄焦点和焦点后。

表4-21　音高最小值作为结果变量：窄焦点（NF-m）vs.
焦点后（NF-i）模型拟合度分析一览

模型	N_{pars}	-2 LLR	比较 模型	$\Delta\chi^2$	Δdf	p
0（仅纳入"说话人"、"句子"作为随机截距）	4	-2704.0				
1+声调	7	-2667.9	0 vs 1	72.167	3	0.000***

续表

模型	N_{pars}	-2 LLR	比较 模型	$\Delta\chi^2$	Δdf	p
2 + 焦点条件	8	−2667.5	1 vs 2	0.771	1	0.380
3 + 声调：焦点条件	11	−2664.9	2 vs 3	5.075	3	0.166
4 + 年龄	13	−2663.0	3 vs 4	3.985	2	0.136
5 + 年龄：焦点条件	15	−2662.1	4 vs 5	1.740	2	0.419
6 + 年龄：声调	21	−2658.7	5 vs 6	6.772	6	0.343
7 + 焦点条件：声调：年龄	27	−2652.9	6 vs 7	11.578	6	0.072

注："$\Delta\chi^2$"表示的是卡方值的变化，"Δdf"表示的是自由度的变化。

窄焦点 *vs.* 焦点前（NF-m *vs.* NF-f）。模型的拟合度比较结果请见表4-22。如表所示，拟合度最高的最佳模型包括声调和年龄的交互效应，$\chi^2(6)=35.248$，$p<0.001$。因而，没有证据能够表明任一年龄组的双语儿童通过变化音高最小值在任一声调中区分窄焦点和焦点前。

表4-22　音高最小值作为结果变量：窄焦点（NF-m）vs. 焦点前（NF-f）模型拟合度分析一览

模型	N_{pars}	-2 LLR	比较 模型	$\Delta\chi^2$	Δdf	p
0（仅纳入"说话人"、"句子"作为随机截距）	4	−2523.2				
1 + 声调	7	−2478.4	0 vs 1	89.609	3	0.000***
2 + 焦点条件	8	−2478.2	1 vs 2	0.333	1	0.564
3 + 声调：焦点条件	11	−2477.3	2 vs 3	1.745	3	0.627
4 + 年龄	13	−2475.5	3 vs 4	3.671	2	0.160
5 + 年龄：焦点条件	15	−2475.1	4 vs 5	0.198	2	0.906
6 + 年龄：声调	21	−2457.8	5 vs 6	35.248	6	0.000***
7 + 焦点条件：声调：年龄	27	−2456.4	6 vs 7	2.757	6	0.839

注："$\Delta\chi^2$"表示的是卡方值的变化，"Δdf"表示的是自由度的变化。

2. 焦点域效应：窄焦点（NF-m）vs. 宽焦点（BF）

模型的拟合度比较结果请见表4-23。如表所示，拟合度最高的最佳模型包括声调和年龄的交互效应，χ^2（6）= 29.281，$p < 0.001$。因而，没有证据能够表明任一年龄组的双语儿童通过变化音高最小值在任一声调中区分窄焦点和宽焦点。

表4-23　音高最小值作为结果变量：窄焦点（NF-m）vs. 宽焦点（BF）模型拟合度分析一览

模型	N_{pars}	-2 LLR	比较 模型	$\Delta\chi^2$	Δdf	p
0（仅纳入"说话人"、"句子"作为随机截距）	4	-2295.7				
1 +声调	7	-2250.1	0 vs 1	91.134	3	0.000***
2 +焦点条件	8	-2250.1	1 vs 2	0.005	1	0.945
3 +声调：焦点条件	11	-2249.9	2 vs 3	0.504	3	0.918
4 +年龄	13	-2247.7	3 vs 4	4.418	2	0.110
5 +年龄：焦点条件	15	-2247.4	4 vs 5	0.543	2	0.762
6 +年龄：声调	21	-2232.8	5 vs 6	29.281	6	0.000***
7 +焦点条件：声调：年龄	27	-2232.1	6 vs 7	1.323	6	0.970

注："$\Delta\chi^2$"表示的是卡方值的变化，"Δdf"表示的是自由度的变化。

3. 焦点对比度效应：对比焦点（CF-m）vs. 窄焦点（NF-m）

模型的拟合度比较结果请见表4-24。如表所示，拟合度最高的最佳模型包括声调和年龄的交互效应，χ^2（6）= 47.419，$p < 0.001$。因而，没有证据能够表明任一年龄组的双语儿童通过变化音高最小值在任一声调中区分对比焦点和非对比焦点。

表4-24　音高最小值作为结果变量：对比焦点（CF-m）vs. 窄焦点（NF-m）模型拟合度分析一览

模型	N_{pars}	-2 LLR	比较 模型	$\Delta\chi^2$	Δdf	p
0（仅纳入"说话人"、"句子"作为随机截距）	4	-2543.4				
1 +声调	7	-2498.2	0 vs 1	90.292	3	0.000***

续表

模型	N_{pars}	-2 LLR	比较			
			模型	$\Delta\chi^2$	Δdf	p
2 + 焦点条件	8	-2498.2	1 vs 2	0.074	1	0.785
3 + 声调：焦点条件	11	-2498.1	2 vs 3	0.275	3	0.965
4 + 年龄	13	-2496.3	3 vs 4	3.569	2	0.168
5 + 年龄：焦点条件	15	-2495.9	4 vs 5	0.852	2	0.653
6 + 年龄：声调	21	-2472.2	5 vs 6	47.419	6	0.000 ***
7 + 焦点条件：声调：年龄	27	-2466.8	6 vs 7	10.825	6	0.094

注："$\Delta\chi^2$"表示的是卡方值的变化，"Δdf"表示的是自由度的变化。

（六）小结

首先，本实验结果表明，双语儿童在6岁至7岁时，已经掌握了通过使用时长来编码焦点的能力。具体说来，和普通话单语成人的表现类似，所有年龄组的双语儿童都在他们的二语——普通话中通过延长焦点成分的时长来区分窄焦点和焦点前、焦点后成分，即通过时长变化来编码窄焦点。然而，本实验结果显示：所有年龄组的双语儿童均未在任一声调中使用音高相关的韵律参数，包括音域、音高最大值、音高最小值来区分窄焦点和非焦点。另外，所有年龄组的双语儿童在所有声调中均未使用时长或音高相关的韵律参数来区分窄焦点和宽焦点。最后，所有年龄组的双语儿童在所有声调中均未使用时长或音高相关的韵律参数来区分对比焦点和非对比焦点。

四　结论与讨论

为了更清晰地展示白汉早期双语儿童和汉语单语儿童在韵律焦点编码发展路径上的共性和差异，本研究将白汉早期双语儿童的发展路径（本研究实验结果）和汉语单语儿童的发展路径（Yang & Chen，2017）一并概括如表 4-25。鉴于上述两项研究采用的数据收集方式和分析手段一致，因而这两项研究的结果是很理想的比较对象。

如表 4-25 所示，白汉早期双语儿童的二语——汉语和汉语单语儿童的一语——汉语在韵律焦点编码的发展路径上，其习得顺序和习得速率存在共性和差异。就发展路径/习得顺序而言，白汉双语儿童在汉语中掌握通过时长变化来编码焦点的能力比其掌握通过音高变化来编码焦点的能力要早，这一发展路径和汉语单语儿童的汉语发展路径一致。具体说来，汉语单语儿童在 4 岁至 5 岁时，已经掌握了在所有声调中通过变化时长来编码窄焦点的能力。然而，汉语单语儿童在 4 岁至 5 岁时通过变化音高来编码窄焦点的能力却只表现在个别声调中。与之类似的是，白汉双语儿童在 6 岁至 7 岁时，已经掌握了在其汉语中通过变化时长来区分窄焦点和非焦点（即：焦点前和焦点后）的能力。然而，处于此年龄段的白汉双语儿童却无法像汉语母语者那样通过变化音高来编码窄焦点。因此，当前的实验结果证实了研究假设 a，即：白汉双语儿童对通过变化时长来编码焦点能力的习得要早于通过变化音高来编码焦点能力的习得。

Yang & Chen（2017）和 Yang（2017）认为：声调语言的学习者通过变化音高来编码焦点的声学空间是有限的。因而对于声调语言学习者的早期语言习得阶段而言，可以预计其掌握通过变化时长来编码焦点的能力要比掌握通过变化音高来编码焦点的能力早。本研究结果也验证了这样的观点，即，白汉早期双语儿童掌握通过变化时长来编码焦点的能力要比其掌握通过变化音高来编码焦点的能力早。另外，已有对回辉话—汉语（Wang et al.，2012）、意大利语—

表4-25 白汉早期双语儿童汉语韵律焦点编码发展（本研究）和汉语单语儿童汉语韵律焦点编码发展（Yang, 2017; Yang & Chen, 2017）对比一览①

单语者年龄组	韵律参数	焦点 vs. 焦点前 单语儿童	焦点 vs. 焦点前 双语儿童	焦点 vs. 焦点后 单语儿童	焦点 vs. 焦点后 双语儿童	焦点 vs. 宽焦点 单语儿童	焦点 vs. 宽焦点 双语儿童	焦点 vs. 对比焦点 单语儿童	焦点 vs. 对比焦点 双语儿童	双语者年龄组
4—5	时长	+	+	+	+	+	-	-	-	6—7
	音域	-	-	-	-	-	-	-	-	
	音高最大值	-	-	>（T1, T2, T4）	-	+	-	-	-	
	音高最小值	<（T2）	-	>（T1）	-	-	-	-	-	
7—8	时长	+	+	+	+	+	-	-	-	6—10
	音域	+	-	>（T2, T4）	-	-	-	-	-	
	音高最大值	>（T1, T4）	-	>（T1, T2, T4）	-	-	-	-	-	
	音高最小值	<（T2, T3）	-	>（T1）	-	-	-	-	-	
10—11	时长	+	+	+	+	+	-	-	-	12—13
	音域	+	-	>（T2, T3, T4）	-	+	-	-	-	
	音高最大值	+	-	>（T1, T2, T4）	-	-	-	-	-	
	音高最小值	+	-	>（T1）	-	-	-	-	-	

西班牙语（Barnes & Michnowicz, 2015）、凯楚阿语—西班牙语（Muntendam & Torreira, 2016; Van Rijswijk & Muntendam, 2012）双语者的研究结果显示，母语和二语韵律焦点编码方式的相似性会对二语韵律焦点编码的习得产生正迁移作用。然而，白汉双语儿童的一语——白语和二语——汉语均运用时长来编码焦点。那么，极有可能的是，白汉双语者在习得运用时长在其二语——汉语中进行焦点

---

① 在表4-25中，"+"表示相对应的韵律参数，比如时长、音域、音高最大值或音高最小值被用于区分不同的焦点条件。"-"表示并无任何证据表明相对应的韵律参数被用于区分不同的焦点条件。"T1"、"T2"、"T3"或"T4"表示在该声调中发现韵律参数用于区分不同的焦点条件。另外，"<"或">"表示不同焦点条件差异的方向性。

编码时，也受到了母语正迁移（positive L1 transfer）的影响。最后，在大理方言中，韵律焦点编码也只通过时长变化来实现（见本书第三章），而对白汉双语儿童来说，在人生的第一个六年中所获得的大理方言输入也可能有助于他们在较早阶段就掌握了在其汉语中通过变化时长来编码焦点的能力。总之，母语迁移和可能存在的大理方言的影响也许能够解释为什么白汉双语者能够在6岁至7岁——刚刚开始接受正式标准汉语的教育时，就能够掌握通过变化时长来编码焦点的能力。

但是，本研究并未发现任何证据可以支持研究假设b。研究假设b假设白汉双语儿童和汉语单语儿童类似，双语儿童对运用韵律来区分不同焦点类型能力的习得要早于对区分窄焦点和非焦点能力的习得。但是，本研究结果显示，在6岁至7岁时，白汉双语儿童既不通过变化时长，也不通过变化音高来区分不同的焦点类型。与此同时，在相同的年龄段，他们却已掌握像汉语母语者一样通过变化时长来区分窄焦点和非焦点（即：焦点前和焦点后）的能力。这一结果是出乎意料的，尤其是考虑到在汉语中，时长是用来区分不同焦点类型的韵律参数。

鉴于白汉双语儿童的一语——白语既不使用音高，也不使用时长来编码焦点域存在差异的不同焦点类型，笔者认为，双语儿童对使用韵律参数来编码不同焦点类型习得的"失败"也许可以归因于母语负迁移（negative L1 transfer）。另外，非标准汉语输入也扮演了重要的角色。具体说来，白汉早期双语儿童在双语社区中长大。在这一双语社区中，非标准汉语变体，主要包括一个汉语学习者所操的汉语变体——由白汉早期双语成人（详见本书第五章）所操的非标准汉语变体，和一个汉语的地域变体——大理方言（详见本书第三章)。而这些汉语变体编码焦点的方式都和标准汉语存在差异（详见本书第三章和第五章）。但是，在日常交流中，这些非标准汉语变体却是白汉双语儿童所获得的二语输入的主要来源。

综上所述，当前研究是学界对双语儿童二语韵律焦点编码发展的首次尝试。本研究发现，白汉双语儿童掌握通过变化时长来编码焦点的能力要比其掌握通过变化音高来编码焦点的能力早，这一习得顺序和汉语单语儿童的发展一致。但是，和汉语单语儿童的发展不一致的是：白汉早期双语儿童习得运用韵律来区分不同焦点类型的能力并未早于习得区分窄焦点和非焦点的能力。母语迁移和非标准二语输入在早期双语者的二语发展中扮演了重要的角色。①

---

① 这里需要指明的是，语言模态（即：只有一种语言被激活还是两种语言都被激活）可能也影响了早期双语儿童的语言表现（Genesee, 1989; Grosjean, 1997; Lanza, 1992; Treffers-Daller, 1997）。在当前研究中，实验员是一位标准汉语的母语者，且她只和发音人说标准汉语。很可能存在的情况是：在当前研究中，在学校环境里只说标准汉语的实验员将白汉早期双语儿童更加推近标准汉语模态，从而消减了白汉双语儿童和单语儿童之间的差异。

第五章　白汉早期双语者的汉语韵律焦点编码最终习得状态研究[①]

摘要：本研究考察了白汉早期双语者的汉语韵律焦点编码最终习得状态。本研究采用了一个图片配对任务来引导处于不同信息结构中的汉语 SVO 句子。发音人来自白语社区中的小学汉语教师，这些汉语教师代表了白汉双语者中汉语最流利的二语学习者。本研究对双语成人在其二语中通过变化韵律参数——包括时长、音域、音高最大值、音高最小值进行韵律焦点编码的方式加以考察。实验结果显示，白汉早期双语成人在其汉语中通过延长焦点成分的时长来区分窄焦点和非焦点（即：焦点前和焦点后）。另外，他们通过扩展焦点成分的音域、提高焦点成分的音高最大值来区分窄焦点和焦点后。然而，双语成人既不使用时长也不使用音高来区分焦点域和对比度存在差异的不同焦点类型（即：宽焦点和对比焦点）。本研究结果表明，白汉早期双语者在其二语——汉语中通过使用时长和音高相关韵律参数来编码焦点，但是和标准汉语单语者相比，他们在韵律编码中对于音高相关韵律参数的使用缺乏系统性。

[①] 本研究的部分前期结果曾在第八届国际言语韵律大会（The 8th International Conference on Speech Prosody）上发表（Liu, Chen & Van de Velde, 2016a）。

第五章 白汉早期双语者的汉语韵律焦点编码最终习得状态研究

关键词：早期双语习得　韵律　焦点　最终习得状态　白语　汉语

一　引言

在言语交际中，韵律的一个重要功能就是凸显新信息（句子中的新信息也被称为"焦点 focus"）。不同语言对于使用韵律参数来编码焦点的方式存在着共性和差异（Burdin et al., 2015）。比如，音高和时长在标准汉语（Xu, 1999；Yang, 2017）、英语（Cooper et al., 1985）、荷兰语（Chen, 2009）中均被用来编码焦点，而时长被认为是唯一的韵律参数在粤语（Bauer et al., 2001；Wu & Xu, 2010）、回辉话（Wang et al., 2012）、白语（本书第二章）中用来编码焦点。不同语言在韵律焦点编码中对韵律参数的具体变化方式也是存在差异的。比如，在标准汉语和荷兰语中，窄焦点的韵律编码方式均表现为：句子成分是焦点成分与其是非焦点成分相比，音域扩展。在荷兰语中，音域扩展的实现是通过降低音高最小值，并保持音高最大值不变（Chen, 2009；Hanssen et al., 2008）。但是，在汉语中，音域扩展的实现主要是通过提高音高最大值（Xu, 1999；Yang, 2017）。不同语言在韵律焦点编码方式上存在的差异对晚期双语者韵律焦点编码的习得带来了挑战（He et al., 2011；Nava & Zubizarreta, 2008；Rasier, Hiligsmann, Caspers & Van Heuven, 2010）。然而，当前人们对于早期双语者二语韵律焦点编码习得的理解仍然十分有限，仅有较少的研究关注早期双语者，并且得出了不同的研究结论（Chen et al., 2014；Gut & Pillai, 2014；Wang et al., 2012）。本研究旨通过考察白汉早期双语者的二语——汉语的韵律焦点习得来建立早期双语者二语韵律焦点编码的最终习得状态。

在双语者和语言习得的相关研究中,根据双语者语言习得时年龄的不同,将其划分为"早期双语习得(early bilingualism)"和"晚期双语习得(late bilingualism)"(Hoffmann,2014:18)。学界对于早期双语习得(early bilingualism)年龄的划分界限(cut-off age),即第二语言进入的时间点,进行了长达数十年的讨论,界限划定的范围从3岁到青春期不等(Bialystok & Miller,1999;DeKeyser,2000;Goodluck,1986;Guasti,2004;Johnson & Newport,1989;Krashen,1973;Lakshmanan,1995;Lenneberg,1967;Long,1990;McLaughlin,2012;Penfield & Roberts,2014;Schwartz,2004;Unsworth,2005)。本研究依据的是Unsworth(2005)划定的年龄标准,早期双语者指的是在4岁至7岁开始其第二语言(此后简称为L2)习得的学习者①。晚期双语者指的是在8岁或者更年长的年龄开始其第二语言习得的学习者。

(一)晚期双语者的韵律焦点编码习得

已有研究表明,对于晚期双语者而言,通过使用韵律参数在其二语中编码焦点的能力是较难习得的。一方面,一语和二语之间韵律系统的差异会阻碍韵律焦点的习得(Backman,1979;Gut & Pillai,2014;Kelm,1987;Nava & Zubizarreta,2008,2009;Rasier & Hiligsmann,2007,2009;Swerts & Zerbian,2010;Turco et al.,2015;Ueyama & Jun,1996;Zubizarreta & Nava,2011)。比如,在英语中,为了实现语义(比如:编码焦点),音高重音(pitch accents)会被分

---

① "早期双语者"在本研究中所界定的内涵和Paradis(2007)中对"儿童二语学习者"的界定一致。具体说来,儿童二语学习者指的是儿童"在开始学习另一种语言之前就已经建立起一种语言的学习者,通常指的是在家里操一语而在学校操二语"(Paradis,2007:387)。

配到不同的位置。但是，在西班牙语中，音高重音（pitch accents）的位置是由句子决定的（比如：核心句重音 nuclear accent 在句子的右边界），并且很少被实现语义的目的所影响。Nava & Zubizarreta（2008）考察了由西班牙英语学习者所产出的英语韵律焦点编码，并发现：西班牙学习者在其二语——英语中并不能通过分配/放置句重音来区分窄焦点和非焦点，尤其是对于二语水平较低的学习者来说。Swerts & Zerbian（2010）也发现，虽然在祖鲁语中焦点并不通过韵律编码来实现，但是只有非常流利的祖鲁（L1）南非英语（L2）学习者才能够使用韵律来编码焦点。另一方面，学习者一语和二语韵律焦点编码方式的相似性也并不一定有助于学习者在其二语中能成功地习得韵律焦点编码（Chen，2014；He et al.，2011；McGory，1997）。比如，从使用韵律参数的角度来看，荷兰语与标准汉语在韵律焦点编码方面是十分相似的。具体说来，两种语言都通过音域扩展和时长延长来编码窄焦点。He et al.（2011）发现，学习荷兰语（L2）的汉语（L1）学习者在其荷兰语（L2）中，采用降调型句重音（falling pitch patterns）来标记焦点，这一表现和荷兰语单语者一致。然而，这些学习荷兰语（L2）的汉语（L1）学习者所产出的降调型音高重音（falling pitch patterns）在声母时长（onset duration）、韵母时长（rime duration）、韵尾时长（coda duration）、核心句重音音域走势（nuclear fall pitch excursion）、句重音峰值位移（peak delay，即：相对于元音起始点的峰值时点）和降调时长的具体声学实现上却和荷兰语单语者存在差异。

虽然众多研究者均发现晚期双语者习得韵律焦点编码存在困难，但是，研究者们也发现同时型双语者（simultaneous bilinguals，即：从出生起就同时在两种语言中成长的双语者）在其所操的两种语言中都成功地习得了运用韵律参数来编码焦点的能力（Wu & Chung, 2011）。另外，已有研究也发现传承说话人（heritage speaker，即：在操非官方语言的家庭中长大，掌握或者几乎只是懂得传承语言/非官方语言，是某种程度上的官方语言—传承语言双语者）成功地掌握了在其二语中使用韵律参数来编码焦点的能力（Chen, 2014; Hoot, 2012）。同时型双语者（simultaneous bilinguals）和传承说话人（heritage speaker）在韵律焦点编码习得上的成功，可以归因于他们较早地接触到了目标语言（Chen, 2014; Wu & Chung, 2011）。

（二）早期双语者的韵律焦点编码习得

只有少数研究关注了早期双语者并得出了不同的研究结论。比如，Huang & Jun（2011）发现，以汉语为母语的英语学习者（习得年龄 Age of acquisition/AoA：从5岁至17岁）在其二语中通过变换句重音位置来标记韵律焦点的能力在很大程度上和英语母语者类似。Chen（2014）和 Chen et al.（2012, 2014）也发现，获得较多标准汉语输入和接受过较大强度标准汉语训练的、年轻的泉州南部闽南语—汉语（Quanzhou Southern Min-Mandarin）双语者在其汉语产出中，焦点后成分的音域是压缩的。这一表现和汉语单语母语者的表现一致。然而，其他研究却显示，早期双语者的韵律焦点习得是不成功的。比如，Wang et al.（2012）发现，回辉话—汉语早期双语者在其汉语（L2）中并不通过变化音高来编码焦点，这一表现和汉语单语母语者的表现不同。因此，虽然回辉话—汉语早期双语者和泉州南部闽南语—汉语双语者都是在目标语主导的环境中（即：在中国汉语主导的环境）生活，但是，在韵律焦点编码习得方面，回辉话—汉语早期双语者并没有展示出他们和汉语母语者一样的能力。

另外，Gut & Pillai（2014）的研究也发现，尽管以马来语（L1）为母语的英语（L2）学习者在童年时期就开始了二语——英语的学习（习得年龄从4岁至7岁），他们在其英语产出中只通过时长变化来编码焦点，这一编码方式和英语单语者不同。需要注意的是，上述研究中所考察的不同早期双语者之间存在着二语输入和使用的差异，而这些差异也许正是导致不同研究结论的原因。具体说来，Chen et al.（2014）发现，年长的泉州南部闽南语—汉语双语者比起年轻的双语者来说，他们所获得的标准汉语输入更少，且研究结果也发现只有年轻的泉州南部闽南语—汉语双语者在其使用汉语时采用和汉语母语者一样的、改变韵律参数的方式来编码焦点。然而，回辉话—汉语双语者在回辉村庄中长大和生活，马来—英语早期双语者生活在英语只使用于教育与学术目的的马来西亚。已有对其他语言次领域的研究很早就已经发现：二语输入的性质对早期双语者二语习得的影响和作用（Flege，2009；Flege & Liu，2001；Piske et al.，2001）。总而言之，已有研究发现早期二语输入（early exposure to L2）、强度较大的二语使用（extensive use of L2）、二语训练的质量（quality of L2 training）可能对早期双语者是否能习得母语者般的二语能力是非常重要的。这些结论和已有针对早期双语者词汇和语法习得的研究结论一致。

值得一提的是，上述研究在研究方法上存在局限。首先，对焦点类型效应的考察并未在上述研究中得到重视。众所周知，焦点域和对比度存在差异的不同焦点类型在许多语言中均通过韵律来进行编码（Chen & Gussenhoven，2008；De Jong，1980；Gussenhoven，1983，2007，2008；Ouyang & Kaiser，2015）。其次，近期对于汉语单语儿童的一语习得研究表明，声调和韵律焦点编码的习得存在交互效应。具体说来，已有研究发现标准汉语单语儿童在某些声调中对使用韵律参数来编码焦点的能力要比在另一些声调中韵律编码的习得要早（Yang & Chen, 2014, 2017）。考虑到已有研究对声调在韵律焦点编码中担任角色的考察并不一致，当前仍很难明确已有研究中发现的在目标语言的某些声调中韵律焦点编码的实现方式和结论是否能够推演、概化到目标语言的所有声调中。最后，已有研究表明在朗读语料和自然语料中，韵律焦点编码的实现方式是存在差异的（Bard & Aylett, 1999; Chen & Gussenhoven, 2008; De Ruiter, 2010; O'Brien & Gut, 2010; Xu, 1999; Yang, 2017）。例如，Xu（1999）发现在标准汉语的朗读语料中，窄焦点的编码方式表现为焦点成分的时长延长、音域扩展。这一表现与标准汉语半自然语料中的发现一致（Yang, 2017）。然而，Chen & Gussenhoven（2008）发现，在标准汉语的朗读语料中，音高和时长都用于区分对比焦点和非对比焦点。Yang（2017）的研究却显示在标准汉语的半自然语料中，无论是音高还是时长均未使用于区分对比焦点和非对比焦点。那么，值得探究的问题是：早期双语者如何成功地在其二语——汉语半自然语料中习得韵律焦点编码？

（三）当前研究

本研究考察一个在白汉早期双语者中能够代表最流利的、标准汉语说话人的双语成人群体（即：在当地小学教授标准汉语的教师）。这些早期双语者在很早的年龄阶段就正式开始了标准汉语的习得（即：6 岁至 7 岁）。他们在六岁以前就在日常生活中，以非正式的方式接触到了大理方言（汉语的一个地域变体）。另外，他们曾接受过高强度的标准汉语训练、在日常生活中活跃地使用标准汉语，并且拥有较高的标准汉语水平。

白语，白汉早期双语者的第一语言，是一种藏缅语族声调语言，主要为中国云南省大理白族自治州地区的白族所使用。如前所述，焦点在标准汉语中是通过音高和时长来编码的（Chen，2010；Chen & Gussenhoven，2008；Ouyang & Kaiser，2015；Xu，1999；Yang，2017；Yang & Chen，2014）。就窄焦点的韵律编码而言，焦点成分和与其对应的非焦点成分相比，其音高扩展、时长延长（Yang，2017；Yang & Chen，2014）。另外，焦点后成分和其在宽焦点条件中的非焦点成分相比，其音域压缩（Xu，1999）。就焦点域存在差异的不同焦点类型的韵律编码而言，在朗读语料中，窄焦点条件下的焦点成分和与其对应的宽焦点条件下的焦点成分相比，其音域扩展、时长延长（Xu，1999）。然而，在半自然语料中，窄焦点和宽焦点相比，只有焦点成分的时长延长，音域并无任何变化（Yang，2017；Yang & Chen，2014）。就对比度存在差异的不同焦点类型的韵律编码而言，在朗读语料中，对比焦点条件下的焦点成分和与其对应的非对比焦点条件下的焦点成分相比，其音域扩展、时长延长（Chen & Gussenhoven，2008）。然而，在半自然语料中，无论是时长还是音域均未使用于区分对比焦点和非对比焦点（Yang，2017；Yang & Chen，2017）。和标准汉语不同的是，白语只使用时长来作为编码焦点的韵律参数（见本书第二章）。具体说来，在白语中，窄焦点和焦点后的区分是通过延长焦点成分的时长，而音高相关的韵律参数并未用于编码窄焦点。另外，无论是音高相关韵律参数还是时长均未用于编码不同的焦点类型。

本研究旨在考察白汉早期双语者能否最终在其二语——汉语中习得和汉语母语者一样的、通过使用韵律来编码焦点的能力。考虑到早期二语输入、高强度的二语使用和高质量的二语训练似乎都对早期双语者能否习得近似母语者的二语能力起着决定性的作用（Chen et al.，2014；Gut & Pillai，2014；Huang & Jun，2011；Wang et al.，2012），笔者假设本研究所考察的白汉早期双语成人能够习得近似母语者的韵律焦点编码能力。相应的，本研究的研究预设是：白汉早期双语成人在其汉语的所有声调中都能像汉语母语者般通过使用时长和音高相关韵律参数来区分窄焦点和非焦点，也能在所有声调中通过使用时长来区分宽焦点和窄焦点。

二　研究方法

（一）图片配对游戏

本研究采用并发展了 Yang & Chen（2014，2017）和 Yang（2017）研究中所使用的图片配对游戏来引导白汉早期双语成人在互动的语境中产出汉语 SVO 句子。在图片配对游戏中，一共使用了三组图片。在实验过程中，实验员和发音人分别手持一组已事先安排好顺序的图片，第三组图片散落在实验操作的桌子上。在实验员的图片中（第一组），总有一些信息是缺失的，比如：主语、动作、宾语，或者三者都缺失。发音人的图片（第二组）包含某个完整的事件。发音人的任务是帮助实验员将第一组（实验员的图片）和第三组（散落在桌子上的图片）挑选出来配成一对（请见图 5-1 的示例）。

以下以位于句中位置的动词成分是窄焦点（NF-m condition）作为范例，来介绍实验过程。第一步，实验员从她手里的图片中拿出一张（比如：一只狗和一个球），通过说："看！小狗。还有球。看起来小狗要弄球。"来将发音人的注意力集中到图片上并同时描绘图

第五章　白汉早期双语者的汉语韵律焦点编码最终习得状态研究

示例

NF-m (narrow-focus on a verb in sentence-medial position)　　　句中焦点

第一组图片　　　第二组图片　　　第三组图片
Set 1　　　　　Set 2　　　　　Set 3

实验员：看！小狗。还有球。看起来小狗要弄球。小狗怎么弄球？

发音人：小狗[扔]球。

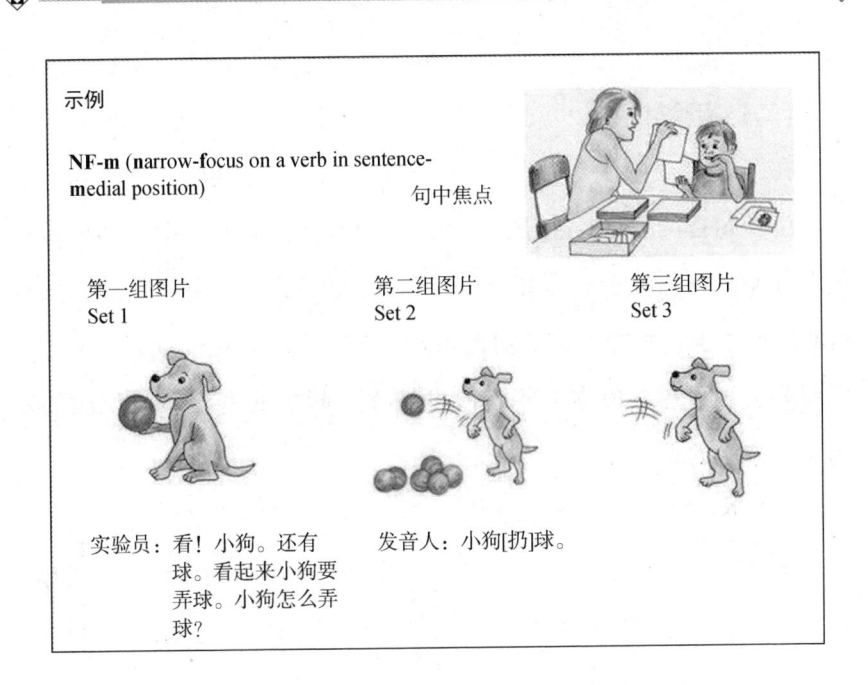

图 5-1　引导目标句"小狗[扔]球"的实验流程示例

片上的内容。在问问题之前进行这样的操作是为了保证图片上的实体对于发音人来说，是已知信息（given）。第二步，实验员针对这张图片问一个问题（比如："小狗怎么弄球？"）。第三步，发音人从他/她的图片中挑出一张来，并仔细进行观察。第四步，实验员重复问题，发音人根据其图片回答问题（例如："小狗[扔]球。"）最后，实验员从第三组图片中找出带有缺失信息的图片来，并将图片配成对。游戏的规则是，发音人要产出完整的句子，并且不能将其手里的图片展示给实验员。

为了保证发音人对于词汇选择的前后一致性，图片配对游戏开始之前会先进行一个图片命名游戏。图片命名游戏的设计是为了让发音人熟悉在游戏中出现的目标词汇和图片中出现的实体。

· 153 ·

(二) 实验材料

在图片游戏中引导出五个不同焦点条件下的汉语 SVO 句，包括：位于句首的名词性主语是窄焦点（NF-i），位于句中的动词是窄焦点（NF-m），位于句末的名词性宾语是窄焦点（NF-f），宽焦点（BF）和位于句中的动词是对比焦点（CF-m）。如在例（1）到（5）中所展示的，焦点条件主要是通过特殊疑问句或者实验员说出的陈述句来搭建的。

（1）**NF-i**

实验员：看！球。球飞在空中。看起来有小动物扔球。谁扔球？

发音人：［小熊］扔球。

（2）**NF-m**

实验员：看！小狗，还有球。看起来小狗要弄球。小狗怎么弄球？

发音人：小狗［扔］球。

（3）**NF-f**

实验员：看！小兔。小兔的胳膊挥出去了。看起来小兔在扔东西。小兔扔什么？

发音人：小兔扔［球］。

（4）**BF**

实验员：看！我什么都看不清。你的图片上讲了什么？

发音人：［小熊扔球］。

（5）**CF-m**

实验员：看！小猫，还有球。看起来小猫要弄球。我猜，小猫剪球。

发音人：小猫［扔］球。

实验用 SVO 句子的构建保证了每个句子都是唯一的名词性主语和谓词性结构（动词 + 名词性宾语）的组合。汉语中的四个声调（即：阴平/Tone 1，阳平/Tone 2，上声/Tone 3，去声/Tone 4）都出现在了名词性主语、动词和名词性宾语中。4 个单音节动词和 4 个单音节名词性宾语组合成 16 个谓词短语，每一个谓词短语均出现在所有的焦点条件中（焦点条件 = 5）。这样就组合成了 80 个谓词短语。然后，这 80 个谓词短语依次循环与 4 个名词性主语组合。其中，这 4 个名词性主语都开始于"xiǎo（小）"，并跟随着 4 个带有不同声调的名词。这样的组合过后，最终得到的是 80 个 SVO 目标句。对于组成目标句的选词，请参见表 5 – 1。

表 5 – 1 SVO 目标句选词一览（每个词均用汉字、IPA 和英译标示）

	主语	动词	宾语
Tone 1 第一声 阴平	小猫 xiǎo māo cat (little cat)	扔 rēng throw	书 shū book
Tone 2 第二声 阳平	小熊 xiǎo xióng bear (little bear)	埋 mái bury	球 qiú ball
Tone 3 第三声 上声	小狗 xiǎo gǒu dog (little dog)	剪 jiǎn cut	笔 bǐ pen
Tone 4 第四声 去声	小兔 xiǎo tù rabbit (little rabbit)	运 yùn transport	菜 cài vegetable

（三）实验对象和实验过程

6 位白汉早期双语者（4 位女性和 2 位男性，年龄范围：29 岁至

51岁；平均年龄：43岁；标准差＝7.4）参与了本实验（具体的发音人信息请见附录D）。所有的双语者均从出生起就在家庭环境中习得白语，并在6岁开始接受正式的标准汉语教育①。在非正式环境下，他们在6岁前的日常生活中就已经接触到了大理方言（一种汉语的地域变体）。另外，在实验进行时，所有的发音人均在当地白语社区一所小学（大理白族自治州喜洲镇金河小学）中担任标准汉语教学的教师。所有的发音人在本研究开始前都一直生活在白语社区。他们毕业于师范院校，抑或是拥有教授标准汉语的资格证——普通话二级甲等资格证，这样的职业要求也标示了他们具有高级、流利的汉语水平。

一位女性标准汉语发音人担任当前实验的实验员（年龄＝27岁）。实验员对发音人一一进行单独测试，在测试中只和发音人说标准汉语。每个实验分为两个部分，每个部分包括40个实验测试段。一位发音人完成一个部分的实验大约需20至25分钟。所有的实验都在喜洲镇金河小学中的一个安静的房间里完成。实验采用一个便携式ZOOM H1录音机进行录制工作，采样率为44.1kHz，1.6比特。为了将来的训练工作，实验全程也进行了影像记录。

（四）语音标注

首先，采用音标和字符对实验所收集的语料进行转写和标注。如果发音人回答的句子符合下列筛选条件之一就被排除在分析之

---

① 笔者观察到：在喜洲镇的幼儿园中，白语而非汉语被广泛使用。这一观察在和金河幼儿园的校长（同时是金河小学的校长）的访谈中得到确认。本研究中的双语发音人或曾在使用白语的金河幼儿园就学，或从未上过幼儿园。所有的发音人都声称自己是在小学入学的第一年（即：6岁时）开始接受正式的标准汉语教育。

外：(1) 并不是对目标问题的回答；(2) 包含自我纠正或犹豫（"犹豫"定义为在发音人作出回答之前发出的长"嗯"声）；(3) 发音人在回答句中对词或者语序的选择偏离了目标句。在所有获取的语料中，其中90%的回答句（n = 432）纳入到下一步的语音分析中。

动词是本研究的韵律分析目标。动词在窄焦点（NF-m）、宽焦点（BF）和对比焦点（CF-m）条件中是焦点成分，在句首窄焦点（NF-i）条件中是焦点后成分，在句末窄焦点（NF-f）条件中是焦点前成分。这样的设计是为了保证能够考察焦点和焦点类型对动词音高和时长的影响。本研究采用 Praat 语音分析软件（Boersma & Weenink, 2006）进行分析，根据声波图、宽带频谱图、音高线和听觉感知（Turk, Nakai & Sugahara, 2006）来对动词进行声学标注。两个音高相关和两个音段相关的标注点插入到每一个动词的标注中：音高最大值、音高最小值、词起点、词终点。

根据前人研究，本研究在插入音高最大值和音高最小值的标注时，将标准汉语中各声调不同的声调目标也考虑在内（Xu, 1999; Xu & Wang, 2001; Yang & Chen, 2017）。具体说来，阴平/Tone 1 是高平调。但是笔者观察到，阴平/Tone 1 在语流中出现时，音高曲线呈现轻微上扬；在句中位置出现时，音高曲线偶尔会呈现出轻微下降。因此，在标注时，对于音高曲线呈现轻微上扬的阴平/Tone 1，音高最大值取值点在音高最小值取值点之后；而在出现轻微下降音高曲线时，音高最大值取值点在音高最小值取值点之前。阳平/Tone 2 是升调，但是笔者观察到阳平/Tone 2 在句中位置出现时，其音高曲线呈现先降后升曲线。这一表现与 Xu（1997）和 Yang & Chen（2014）的发现一致。因为阳平/Tone 2 在语流中呈现的下降段易受前调的影响，且上升段才包含了阳平/Tone 2 的声调目标，所以笔者在对阳平/Tone 2 进行标注时，取值主要在上升段中进行，且音高最大值的取值点在音高最小值的取值点之后。去声/Tone 4 也是类似的情况。去声/Tone 4 是一个降调，但是笔者观察到去声/Tone 4 在句中位置出现时，其音高曲线呈现先升后降曲线。同样，这一表现与 Xu（1997）和 Yang & Chen（2014）的发现一致。因为去声/Tone 4 在语流中呈现的上升段易受前调的影响，且下降段才包含了去声/Tone 4 的声调目标，所以笔者在对去声/Tone 4 进行标注时，取值主要在下降段中进行，且音高最大值的取值点在音高最小值的取值点之前。当上声/Tone 3 单独产出或位于句末时，上声/Tone 3 实现为一个降升调型；而当上声/Tone 3 在语流中位于句中位置时，其音高曲线呈现下降曲线；但上声/Tone 3 紧接在另一个上声/Tone 3 之后，其音高曲线呈现先升后降曲线。这一表现与 Xu（1997）和 Yang & Chen（2014）的发现一致。因此，在对上声/Tone 3 进行标注时，对于音高曲线呈现下降的上声/Tone 3，音高最大值取值点在音高最小值取值点之前；而对于音高曲线呈现先降后升的上声/Tone 3，音高最大值取值点在音高最小值取值点之后。

本研究采用 Praat 脚本对音高相关取值点的音高值（Hz）和音段相关取值点的时间值（秒）进行自动抽取。每一个动词的四个声学参数被抽取出来：音高最大值、音高最小值、音域（即：音高最大值和音高最小值之间的差值）、词的时长。在所有符合筛选条件的回答句中，无法从 40 个句子（占所筛选回答句的 9%）中获取可靠的音高信息。因而，这些回答句被排除在和音高相关的测量和分析中。

三 统计分析和结果

（一）统计分析

为了探究焦点的作用，笔者比较了动词在焦点条件和非焦点条件下的测量数据。也就是，NF-m 条件（动词是焦点成分）vs. NF-i 条件（动词是焦点后成分），NF-m 条件（动词是焦点成分）vs. NF-f 条件（动词是焦点前成分）；为了考察焦点域存在差异的不同焦点类型，笔者比较了动词在窄焦点条件（NF-m）和宽焦点条件（BF）下的测量数据；为了考察对比度存在差异的不同焦点类型，笔者比较了动词在对比焦点条件（CF-m）和非对比焦点条件（NF-m）下的测量数据。

笔者采用了 R 软件（R Core Team，2014）中的"lme4"程序包（Bates, Mächler, Bolker & Walker, 2015）和"ImerTest"程序包（Kuznetsova, Brockhoff & Christensen, 2013）来运行线性混合效应模型。在所有搭建的统计模型中，纳入"声调（tone）"和"焦点条件（focus condition）"作为固定变量（fixed factors），"说话人（即：发音人）"和"句子（即：回答句）"作为随机变量（random factors）。在上述列出的四组对比当中，"焦点条件"有两个层级（即当前研究感兴趣的两种焦点条件），"声调"指的是目标动词的不同声调，包括四个层级（即：阴平、阳平、上声和去声）。结果变量/因变量是动词的时长、音域、音高最大值和音高最小值。

参考 Field 等（2012）和 Magezi（2015），本研究采用逐步构建和检验的多层级建模方式。具体说来，搭建模型从只含有截距的截距模型（Intercept-only model）出发，逐次添加新的变量构建数据模型。然后，通过似然比检验（Likelihood-ratio test）系统地将只区别于一个新增变量的不同模型进行比较。比较结果中反映出新增变量的卡方值（χ^2）、自由度（Degrees of freedom）和 p 值（p-value）将会被汇报出来。如果 p 值小于 0.05，则说明新增变量在统计学意义上显著地提升了所构建模型的拟合度。模型搭建的具体步骤请见表 5-2。

表 5-2　　　　　　　　　　模型搭建步骤一览

模型	新增变量
模型 0（Model 0）	仅纳入"说话人"、"句子"作为随机截距
模型 1（Model 1）	+声调
模型 2（Model 2）	+焦点条件
模型 3（Model 3）	+声调：焦点条件

进行模型搭建时，只有在统计学意义上能显著提高模型拟合度的变量和交互效应才能被逐层保留，直到达到拟合度最高的最佳模型。当拟合度最高的最佳模型建立后，本研究只归纳和理解最佳模型。对于每一个分析，本研究首先汇报模型比较的结果，然后汇报最佳模型的参数估计值。鉴于本研究主要关注的是在结果变量/因变量中焦点的作用，在下文的分析中，涉及焦点的主效应和交互效应将作为重点进行阐释。然而，本研究对其他因素所产生的主效应和交互效应的细节不作进一步讨论。

（二）时长

1. 焦点效应：焦点 vs. 非焦点

窄焦点vs. 焦点后（*NF-m vs. NF-i*）。测试焦点（焦点 vs. 焦点后）在时长上表现的模型搭建细节请见表 5-2。模型的拟合度比较结果请见表 5-3。如表所示，拟合度最高的最佳模型是模型 2

（Model 2），包括声调的主效应，χ^2（3）= 13.366，$p < 0.01$，焦点条件的主效应，χ^2（1）= 12.636，$p < 0.001$。最佳模型的具体参数估计值请见表 5 – 4。焦点条件的主效应，具体说来，无论是什么声调，当动词在窄焦点中是焦点成分时（259.8 ms，SD = 54.7），时长比其是焦点后成分时（237.7 ms，SD = 47.5），显著要长（b = 20.604，df = 30.94，t = 3.892，$p < 0.001$），如图 5 – 2 所示。

表 5 – 3　　时长作为结果变量：窄焦点（NF-m）vs. 焦点后（NF-i）模型拟合度分析一览

模型	N_{pars}	– 2 LLR	比较			
			模型	$\Delta\chi^2$	Δdf	p
0（仅纳入"说话人"、"句子"作为随机截距）	4	– 912.80				
1 + 声调	7	– 906.12	0 vs 1	13.366	3	0.014 **
2 + 焦点条件	8	– 899.80	1 vs 2	12.636	1	0.000 ***
3 + 声调：焦点条件	11	– 899.21	2 vs 3	1.167	3	0.761

注："$\Delta\chi^2$"表示的是卡方值的变化，"Δdf"表示的是自由度的变化。

表 5 – 4　时长，窄焦点（NF-m）vs. 焦点后（NF-i），最佳模型的参数估计值一览（模型 2）

	Estimate	SE	df	t value	Pr（>｜t｜）
固定变量					
截距（Intercept）	238.575	15.469	7.603	15.432	0.000 ***
阳平（Tone 2）	19.150	15.469	7.603	15.423	0.015 *
上声（Tone 3）	– 18.298	7.422	29.996	– 2.466	0.020 *
去声（Tone 4）	0.769	7.514	31.430	0.102	0.919
窄焦点（Narrow focus）	20.604	5.293	30.944	3.892	0.000 ***
随机变量	名称	S^2	SE		
句子（Sentence）	Intercept	7.89	2.809		
发音人（Speaker）	Intercept	1230.36	35.076		
余值（Residual）		1204.72	34.709		

焦点vs.焦点后

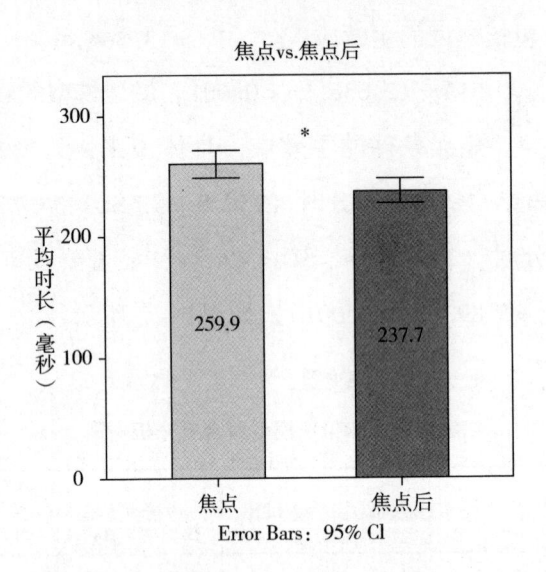

图 5-2 焦点成分的平均时长（毫秒）vs. 焦点后成分的平均时长（毫秒），n=179，N=6，显著性差异用星号 * 标示

窄焦点vs. 焦点前 (NF-m vs. NF-f)。模型的拟合度比较结果请见表 5-5。如表所示，拟合度最高的最佳模型是模型 2（Model 2），包括声调的主效应，χ^2（3）= 13.802，$p<0.01$，焦点条件的主效应，χ^2（1）= 10.319，$p<0.01$。最佳模型的具体参数估计值请见

表 5-5　时长作为结果变量：窄焦点 (NF-m) vs. 焦点前 (NF-f) 模型拟合度分析一览

模型	N_{pars}	-2 LLR	比较模型	$\Delta\chi^2$	Δdf	p
0（仅纳入"说话人"、"句子"作为随机截距）	4	-931.92				
1 + 声调	7	-925.01	0 vs 1	13.802	3	0.003 **
2 + 焦点条件	8	-919.85	1 vs 2	10.319	1	0.001 **
3 + 声调：焦点条件	11	-918.44	2 vs 3	2.820	3	0.420

注："$\Delta\chi^2$"表示的是卡方值的变化，"Δdf"表示的是自由度的变化。

表 5-6。焦点条件的主效应体现在，无论是什么声调，当动词在窄焦点中是焦点成分时（259.9 ms，SD=54.7），时长比其是焦点前成分时（238.1 ms，SD=49），显著要长（$b=22.191$，$df=30.69$，$t=3.471$，$p<0.01$），如图 5-3 所示。

表 5-6　　　时长，窄焦点（**NF-m**）vs. 焦点前（**NF-f**），
最佳模型的参数估计值一览（模型 2）

	Estimate	SE	df	t value	Pr（>｜t｜）
固定变量					
截距（Intercept）	241.167	15.825	8.764	15.240	0.000***
阳平（Tone 2）	16.955	9.009	30.322	1.882	0.069
上声（Tone 3）	-27.466	9.040	30.630	-3.038	0.005**
去声（Tone 4）	-2.862	9.007	30.299	-0.318	0.753
窄焦点（Narrow focus）	22.191	6.392	30.694	3.471	0.002**
随机变量	名称	S^2	SE		
句子（Sentence）	Intercept	7.89	2.809		
发音人（Speaker）	Intercept	1230.36	35.076		
余值（Residual）		1204.72	34.709		

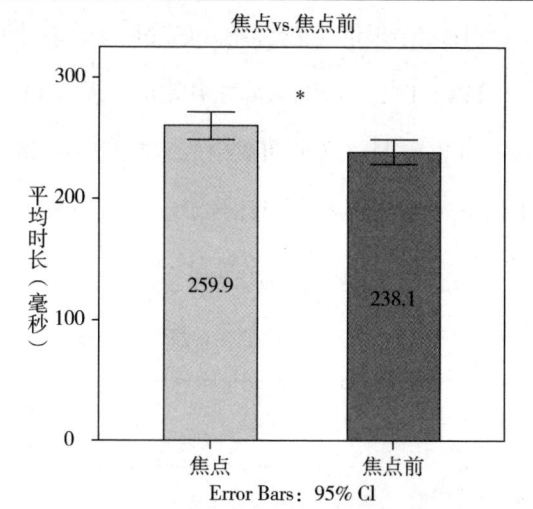

图 5-3　焦点成分的平均时长（毫秒）vs. 焦点前成分的平均时长（毫秒），
$n=184$，$N=6$，显著性差异用星号 * 标示

2. 焦点域效应：窄焦点（NF-m）vs. 宽焦点（BF）

模型的拟合度比较结果请见表5–7。如表所示，拟合度最高的最佳模型是模型1（Model 1），包括声调的主效应，$\chi^2(3) = 16.606$，$p < 0.001$。因而，没有证据表明白汉早期双语成人在任一声调中通过变化时长来区分其汉语中的窄焦点和宽焦点。

表5–7　　　时长作为结果变量：窄焦点（NF-m）vs.
宽焦点（BF）模型拟合度分析一览

模型	N_{pars}	-2 LLR	比较			
			模型	$\Delta\chi^2$	Δdf	p
0（仅纳入"说话人"、"句子"作为随机截距）	4	-878.38				
1 + 声调	7	-870.08	0 vs 1	16.606	3	0.000***
2 + 焦点条件	8	-868.95	1 vs 2	2.247	1	0.134
3 + 声调：焦点条件	11	-868.19	2 vs 3	1.533	2	0.675

注："$\Delta\chi^2$"表示的是卡方值的变化，"Δdf"表示的是自由度的变化。

3. 焦点对比度效应：对比焦点（CF-m）vs. 窄焦点（NF-m）

模型的拟合度比较结果请见表5–8。如表所示，拟合度最高的最佳模型是模型1（Model 1），包括声调的主效应，$\chi^2(3) = 14.148$，$p < 0.01$。因而，没有证据表明白汉早期双语成人在任一声调中通过变化时长来区分其汉语中的对比焦点和非对比焦点（即：窄焦点）。

表5–8　　　时长作为结果变量：对比焦点（CF-m）vs.
窄焦点（NF-m）模型拟合度分析一览

模型	N_{pars}	-2 LLR	比较			
			模型	$\Delta\chi^2$	Δdf	p
0（仅纳入"说话人"、"句子"作为随机截距）	4	-855.23				
1 + 声调	7	-848.15	0 vs 1	14.148	3	0.003**

续表

模型	N$_{pars}$	−2 LLR	比较 模型	$\Delta\chi^2$	Δdf	p
2 + 焦点条件	8	−847.77	1 vs 2	0.765	1	0.382
3 + 声调：焦点条件	11	−847.33	2 vs 3	0.890	3	0.828

注："$\Delta\chi^2$"表示的是卡方值的变化，"Δdf"表示的是自由度的变化。

（三）音域

1. 焦点效应：焦点 vs. 非焦点

窄焦点vs. 焦点后（NF-m vs. NF-i）。模型的拟合度比较结果请见表5-9。如表所示，拟合度最高的最佳模型是模型2（Model 2），包括声调的主效应，χ^2（3）= 19.805，$p < 0.001$，焦点条件的主效应，χ^2（1）= 4.338，$p < 0.05$。最佳模型的具体参数估计值请见表5-10。焦点条件的主效应体现在：无论是什么声调，当动词是焦点成分时（40.2 Hz，SD = 19.4），音域比其是焦点后成分时（32.7 Hz，SD = 18.3），显著要宽（$b = 7.701$，$df = 21.01$，$t = 2.429$，$p < 0.05$），如图5-4所示。

表5-9 音域作为结果变量：窄焦点（NF-m）vs. 焦点后（NF-i）模型拟合度分析一览

模型	N$_{pars}$	−2 LLR	比较 模型	$\Delta\chi^2$	Δdf	p
0（仅纳入"说话人"、"句子"作为随机截距）	4	−688.58				
1 + 声调	7	−678.68	0 vs 1	19.805	3	0.000***
2 + 焦点条件	8	−676.51	1 vs 2	4.338	1	0.037*
3 + 声调：焦点条件	11	−675.85	2 vs 3	1.329	3	0.722

注："$\Delta\chi^2$"表示的是卡方值的变化，"Δdf"表示的是自由度的变化。

表5-10　音域，窄焦点（NF-m）vs. 焦点后（NF-i），
最佳模型的参数估计值一览（模型2）

	Estimate	SE	df	t value	Pr（>|t|）
固定变量					
截距（Intercept）	25.316	3.730	27.940	6.788	0.000***
阳平（Tone 2）	11.420	4.449	30.900	2.567	0.015*
上声（Tone 3）	4.948	4.466	31.230	1.108	0.276
去声（Tone 4）	23.961	4.394	29.560	5.453	0.000***
窄焦点（Narrow focus）	6.833	3.170	31.630	2.155	0.039*
随机变量	名称	S^2	SE		
句子（Sentence）	Intercept	38.072	6.170		
发音人（Speaker）	Intercept	5.251	2.292		
余值（Residual）		209.449	14.472		

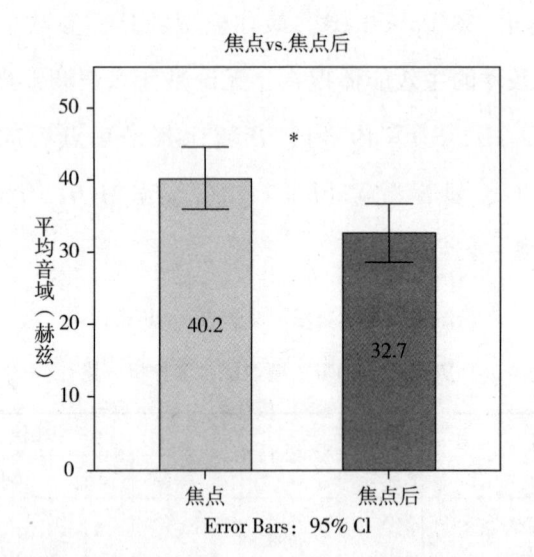

图5-4　焦点成分的平均音域（赫兹）vs. 焦点后成分的平均
音域（赫兹），n=162，N=6，显著性差异用星号*标示

窄焦点 vs. 焦点前（NF-m vs. NF-f）。模型的拟合度比较结果请见表5-11。如表所示，拟合度最高的最佳模型是模型1（Model 1），

包括声调的主效应，χ^2（3）=23.026，$p<0.001$。因而，没有证据表明白汉早期双语成人在任一声调中通过变化音域来区分其汉语中的窄焦点和焦点前。

表 5-11　　音域作为结果变量：窄焦点（NF-m）vs. 焦点前（NF-f）模型拟合度分析一览

模型	N_{pars}	-2 LLR	比较 模型	$\Delta\chi^2$	Δdf	p
0（仅纳入"说话人"、"句子"作为随机截距）	4	-694.42				
1 + 声调	7	-682.91	0 vs 1	23.026	3	0.000***
2 + 焦点条件	8	-682.70	1 vs 2	0.424	1	0.515
3 + 声调：焦点条件	11	-682.15	2 vs 3	1.102	3	0.777

注："$\Delta\chi^2$"表示的是卡方值的变化，"Δdf"表示的是自由度的变化。

2. 焦点域效应：窄焦点（NF-m）vs. 宽焦点（BF）

模型的拟合度比较结果请见表 5-12。如表所示，拟合度最高的最佳模型是模型 1（Model 1），包括声调的主效应，χ^2（3）=28.912，$p<0.001$。因而，没有证据表明白汉早期双语成人在任一声调中通过变化音域来区分其汉语中的窄焦点和宽焦点。

表 5-12　　音域作为结果变量：窄焦点（NF-m）vs. 宽焦点（BF）模型拟合度分析一览

模型	N_{pars}	-2 LLR	比较 模型	$\Delta\chi^2$	Δdf	p
0（仅纳入"说话人"、"句子"作为随机截距）	4	-678.73				
1 + 声调	7	-664.27	0 vs 1	28.912	3	0.000***
2 + 焦点条件	8	-663.76	1 vs 2	1.024	1	0.312
3 + 声调：焦点条件	11	-663.22	2 vs 3	1.079	3	0.782

注："$\Delta\chi^2$"表示的是卡方值的变化，"Δdf"表示的是自由度的变化。

3. 焦点对比度效应：对比焦点（CF-m） vs. 窄焦点（NF-m）

模型的拟合度比较结果请见表5-13。如表所示，拟合度最高的最佳模型是模型1（Model 1），包括声调的主效应，$\chi^2(3) = 22.009$，$p < 0.001$。因而，没有证据表明白汉早期双语成人在任一声调中通过变化音域来区分其汉语中的对比焦点和非对比焦点（窄焦点）。

表5-13　音域作为结果变量：对比焦点（CF-m） vs. 窄焦点（NF-m）模型拟合度分析一览

模型	N_{pars}	-2 LLR	比较			
			模型	$\Delta\chi^2$	Δdf	p
0（仅纳入"说话人"、"句子"作为随机截距）	4	-666.33				
1 + 声调	7	-655.33	0 vs 1	22.009	3	0.000***
2 + 焦点条件	8	-655.03	1 vs 2	0.587	1	0.444
3 + 声调：焦点条件	11	-654.42	2 vs 3	1.221	3	0.748

注："$\Delta\chi^2$"表示的是卡方值的变化，"Δdf"表示的是自由度的变化。

（四）音高最大值

1. 焦点效应：焦点 vs. 非焦点

窄焦点vs. 焦点后（NF-m vs. NF-i）。模型的拟合度比较结果请见表5-14。如表所示，拟合度最高的最佳模型是模型2（Model 2），包括声调的主效应，$\chi^2(3) = 68.973$，$p < 0.001$，焦点条件的主效应，$\chi^2(1) = 5.553$，$p < 0.05$。最佳模型的具体参数估计值请见表5-15。焦点条件的主效应体现在：无论是什么声调，当动词是焦点成分时（198.4 Hz，SD = 59.2），音高最大值比其是焦点后成分时（191.4 Hz，SD = 57.6），显著要大（$b = 6.359$，$df = 156$，$t = 2.417$，$p < 0.05$），如图5-5所示。

表 5-14　音高最大值作为结果变量：窄焦点（NF-m）vs. 焦点后（NF-i）模型拟合度分析一览

模型	N_{pars}	-2 LLR	比较 模型	$\Delta\chi^2$	Δdf	p
0（仅纳入"说话人"、"句子"作为随机截距）	4	-740.06				
1 + 声调	7	-705.57	0 vs 1	68.973	3	0.000 ***
2 + 焦点条件	8	-702.79	1 vs 2	5.553	1	0.018 *
3 + 声调：焦点条件	11	-702.73	2 vs 3	0.127	3	0.988

注："$\Delta\chi^2$"表示的是卡方值的变化，"Δdf"表示的是自由度的变化。

表 5-15　音高最大值，窄焦点（NF-m）vs. 焦点后（NF-i），最佳模型的参数估计值一览（模型 2）

	Estimate	SE	df	t value	Pr（>|t|）
固定变量					
截距（Intercept）	207.27	22.017	6.150	9.414	0.000 ***
阳平（Tone 2）	-45.798	3.682	156.01	-12.439	0.000 ***
上声（Tone 3）	-35.759	3.698	156.00	-9.670	0.000 ***
去声（Tone 4）	5.029	3.597	156.01	1.398	0.164
窄焦点（Narrow focus）	6.359	2.631	156.00	2.417	0.017 *
随机变量	名称	S^2	SE		
句子（Sentence）	Intercept	0.0	0.00		
发音人（Speaker）	Intercept	2861.7	53.49		
余值（Residual）		278.8	16.70		

窄焦点 vs. 焦点前（NF-m vs. NF-f）。模型的拟合度比较结果请见表 5-16。如表所示，拟合度最高的最佳模型是模型 1（Model 1），包括声调的主效应，χ^2（3）= 52.607，$p < 0.001$。因而，没有证据表明白汉早期双语成人在任一声调中通过变化音高最大值来区分其汉语中的窄焦点和焦点前。

焦点vs.焦点后

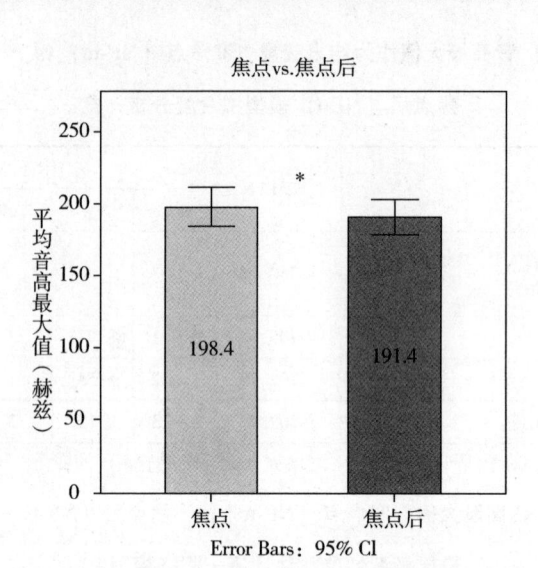

平均音高最大值（赫兹）：焦点 198.4，焦点后 191.4

Error Bars：95% CI

图5-5 焦点成分的平均音高最大值（赫兹）vs. 焦点后成分的平均音高最大值（赫兹），n=162，N=6，显著性差异用星号 * 标示

表5-16 音高最大值作为结果变量：窄焦点（NF-m）vs. 焦点前（NF-f）模型拟合度分析一览

模型	N_{pars}	-2 LLR	比较 模型	$\Delta\chi^2$	Δdf	p
0（仅纳入"说话人"、"句子"作为随机截距）	4	-735.93				
1 + 声调	7	-709.63	0 vs 1	52.607	3	0.000 ***
2 + 焦点条件	8	-709.58	1 vs 2	0.097	1	0.756
3 + 声调：焦点条件	11	-709.43	2 vs 3	0.306	3	0.959

注："$\Delta\chi^2$"表示的是卡方值的变化，"Δdf"表示的是自由度的变化。

2. 焦点域效应：窄焦点（NF-m）vs. 宽焦点（BF）

模型的拟合度比较结果请见表5-17。如表所示，拟合度最高的最佳模型是模型1（Model 1），包括声调的主效应，$\chi^2(3)=68.385$，$p<0.001$。因而，没有证据表明白汉早期双语成人在任一声调中通

过变化音高最大值来区分其汉语中的窄焦点和宽焦点。

表5-17　音高最大值作为结果变量：窄焦点（NF-m）vs. 宽焦点（BF）模型拟合度分析一览

模型	N_{pars}	-2 LLR	比较 模型	$\Delta\chi^2$	Δdf	p
0（仅纳入"说话人"、"句子"作为随机截距）	4	-724.12				
1+声调	7	-689.93	0 vs 1	68.385	3	0.000***
2+焦点条件	8	-689.75	1 vs 2	0.365	1	0.546
3+声调：焦点条件	11	-689.05	2 vs 3	1.397	3	0.706

注："$\Delta\chi^2$"表示的是卡方值的变化，"Δdf"表示的是自由度的变化。

3. 焦点对比度效应：对比焦点（CF-m）vs. 窄焦点（NF-m）

模型的拟合度比较结果请见表5-18。如表所示，拟合度最高的最佳模型是模型1（Model 1），包括声调的主效应，$\chi^2(3)=61.876$，$p<0.001$。因而，没有证据表明白汉早期双语成人在任一声调中通过变化音高最大值来区分其汉语中的对比焦点和非对比焦点（即：窄焦点）。

表5-18　音高最大值作为结果变量：对比焦点（CF-m）vs. 窄焦点（NF-m）模型拟合度分析一览

模型	N_{pars}	-2 LLR	比较 模型	$\Delta\chi^2$	Δdf	p
0（仅纳入"说话人"、"句子"作为随机截距）	4	-710.65				
1+声调	7	-679.72	0 vs 1	61.876	3	0.000***
2+焦点条件	8	-679.63	1 vs 2	0.184	1	0.663
3+声调：焦点条件	11	-677.86	2 vs 3	3.521	3	0.318

注："$\Delta\chi^2$"表示的是卡方值的变化，"Δdf"表示的是自由度的变化。

(五) 音高最小值

1. 焦点效应：焦点 vs. 非焦点

窄焦点 vs. 焦点后（NF-m vs. NF-i）。模型的拟合度比较结果请见表5-19。如表所示，拟合度最高的最佳模型是模型1（Model 1），包括声调的主效应，$\chi^2(3) = 50.165$，$p < 0.001$。因而，没有证据表明白汉早期双语成人在任一声调中通过变化音高最小值来区分其汉语中的窄焦点和焦点后。

表5-19　音高最小值作为结果变量：窄焦点（NF-m）vs. 焦点后（NF-i）模型拟合度分析一览

模型	N_{pars}	-2 LLR	模型	$\Delta\chi^2$	Δdf	p
0（仅纳入"说话人"、"句子"作为随机截距）	4	-732.46				
1 + 声调	7	-707.38	0 vs 1	50.165	3	0.000***
2 + 焦点条件	8	-705.88	1 vs 2	5	1	0.083
3 + 声调：焦点条件	11	-705.16	2 vs 3	1.443	3	0.695

注："$\Delta\chi^2$"表示的是卡方值的变化，"Δdf"表示的是自由度的变化。

窄焦点 vs. 焦点前（NF-m vs. NF-f）。模型的拟合度比较结果请见表5-20。如表所示，拟合度最高的最佳模型是模型1（Model 1），包括声调的主效应，$\chi^2(3) = 50.697$，$p < 0.001$。因而，没有证据表明白汉早期双语成人在任一声调中通过变化音高最小值来区分其汉语中的窄焦点和焦点前。

2. 焦点域效应：窄焦点（NF-m）vs. 宽焦点（BF）

模型的拟合度比较结果请见表5-21。如表所示，拟合度最高的最佳模型是模型1（Model 1），包括声调的主效应，$\chi^2(3) = 60.032$，$p < 0.001$。因而，没有证据表明白汉早期双语成人在任一声调中通

过变化音高最小值来区分其汉语中的窄焦点和宽焦点。

表 5 – 20　音高最小值作为结果变量：窄焦点（NF-m）vs. 焦点前（NF-f）模型拟合度分析一览

模型	N_{pars}	– 2 LLR	比较 模型	$\Delta \chi^2$	Δdf	p
0（仅纳入"说话人"、"句子"作为随机截距）	4	– 731.23				
1 + 声调	7	– 705.88	0 vs 1	50.697	3	0.000***
2 + 焦点条件	8	– 705.80	1 vs 2	0.161	1	0.688
3 + 声调：焦点条件	11	– 705.31	2 vs 3	0.979	3	0.806

注："$\Delta \chi^2$"表示的是卡方值的变化，"Δdf"表示的是自由度的变化。

表 5 – 21　音高最小值作为结果变量：窄焦点（NF-m）vs. 宽焦点（BF）模型拟合度分析一览

模型	N_{pars}	– 2 LLR	比较 模型	$\Delta \chi^2$	Δdf	p
0（仅纳入"说话人"、"句子"作为随机截距）	4	– 707.29				
1 + 声调	7	– 677.28	0 vs 1	60.032	3	0.000***
2 + 焦点条件	8	– 677.20	1 vs 2	0.154	1	0.695
3 + 声调：焦点条件	11	– 676.29	2 vs 3	1.826	3	0.609

注："$\Delta \chi^2$"表示的是卡方值的变化，"Δdf"表示的是自由度的变化。

3. 焦点对比度效应：对比焦点（CF-m）vs. 窄焦点（NF-m）

模型的拟合度比较结果请见表 5 – 22。如表所示，拟合度最高的最佳模型是模型 1（Model 1），包括声调的主效应，$\chi^2(3) = 62.658$，$p < 0.001$。因而，没有证据表明白汉早期双语成人在任一声调中通过变化音高最小值来区分其汉语中的对比焦点和非对比焦点（即：窄焦点）。

表 5–22　音高最小值作为结果变量：对比焦点（CF-m）vs. 窄焦点（NF-m）模型拟合度分析一览

模型	N_{pars}	−2 LLR	比较模型	$\Delta\chi^2$	Δdf	p
0（仅纳入"说话人"、"句子"作为随机截距）	4	−699.69				
1＋声调	7	−668.36	0 vs 1	62.658	3	0.000***
2＋焦点条件	8	−668.31	1 vs 2	0.087	1	0.768
3＋声调：焦点条件	11	−667.50	2 vs 3	1.622	3	0.655

注："$\Delta\chi^2$"表示的是卡方值的变化，"Δdf"表示的是自由度的变化。

（六）小结

本研究发现白汉早期双语成人在其汉语的所有声调中均使用时长和音高相关韵律参数来编码焦点。具体说来，与所有声调中的焦点前和焦点后成分相比，双语成人均通过延长与之相对的、在窄焦点条件下焦点成分的时长来编码窄焦点。然而，并没有任何证据可以表明时长在任一声调中被用来编码焦点域和对比度存在差异的不同焦点类型。就音高相关韵律参数的使用而言，本研究发现双语者在所有的声调中均通过扩展音域、提高音高最大值来区分窄焦点和焦点后。然而，并没有任何证据可以表明音高相关的韵律参数在任一声调中被用来区分窄焦点和焦点前。另外，双语者们并没有在任一声调中通过变化音高相关的韵律参数来编码焦点域和对比度存在差异的不同焦点类型。

四　讨论和结论

本研究考察了白汉早期双语成人所产出的汉语韵律焦点编码。所考察的白汉早期双语成人在六岁以前就在日常生活中，以非正式的方式接触到大理方言（汉语的一个地域变体）。另外，他们曾接受过高强度的标准汉语训练，并在日常生活中活跃地使用标准汉语。本研究的目标在于建立白汉早期双语者汉语韵律焦点编码习得的最终状态。当前实验结果并未提供任何证据可以证明前文所提出的研究假设，即：当前研究中的白汉早期双语成人在其汉语中并未获得和汉语母语者完全一样的韵律焦点编码的能力。本研究发现白汉早期双语者在汉语中拥有较高的使用时长和音高相关韵律参数编码焦点的水平，但是和汉语母语者相比，并非完全一致。

就使用韵律参数编码窄焦点而言，本研究发现：和焦点前和焦点后成分相比，双语者通过延长与其对应的焦点成分的时长来编码窄焦点。这一表现和标准汉语的单语者一致。另外，本研究发现双语者在其二语——汉语中通过扩展焦点成分的音域和提高焦点成分的音高最大值来区分窄焦点和焦点后。这一表现也和标准汉语的单语者一致（Yang, 2017；Yang & Chen, 2014）。但是，双语者并不通过变化音高相关韵律参数——包括音域、音高最大值和音高最小值——来区分窄焦点和焦点前。这一表现和标准汉语的单语者并不一致。

就使用韵律参数来编码焦点域存在差异的不同焦点类型而言，本研究发现，双语者既不通过变化时长，也不通过变化音高相关韵律参数来区分窄焦点和宽焦点，这一表现和标准汉语的单语者在半自然语料中的表现并不一致（Yang, 2017；Yang & Chen, 2014）。具体地说，标准汉语的单语者通过变化时长来编码焦点域存在差异的不同焦点类型。

就使用韵律参数来编码对比度存在差异的不同焦点类型而言，

本研究并未发现任何证据可以表明双语者通过变化时长或音高相关韵律参数来区分对比焦点和非对比焦点（窄焦点），这一表现和标准汉语的单语者在半自然语料中的表现一致（Yang，2017；Yang & Chen，2014）。

因此，和回辉话—汉语早期双语者（Wang et al.，2012）、泉州南部闽南语—汉语早期双语者（Chen et al.，2014）相似的是，白汉双语者通过使用时长变化来编码焦点的表现和汉语母语者十分类似。然而，白汉双语者使用音高相关韵律参数来区分窄焦点和焦点前，以及区分不同焦点类型的表现却和汉语母语者不完全一致。白汉双语者使用音高来编码焦点的方式和汉语母语者是存在差异的，而这样的差异在对回辉话—汉语双语者、较年长的泉州南部闽南语—汉语早期双语者的研究中也有发现。

总之，就早期双语者对使用时长和音高来编码焦点的习得而言，上述回顾的研究中发现不同学习者习得成功的程度并不同。本研究认为，这些差异也许是学习者一语和二语在韵律焦点编码上的共性和差异造成的。如在引言中所回顾的，回辉话—汉语双语者的一语、泉州南部闽南语—汉语双语者和白汉双语者的一语，均只使用时长来编码焦点。双语者一语和二语之间的相似性可能帮助了学习者掌握时长的能力。另外，尽管本研究中的白汉早期双语者6岁起开始接受正式标准汉语教育，但是他们在6岁以前就在日常生活中，非正式地接触到了一个非标准汉语变体（即：大理方言）。在大理方言中，时长是编码韵律焦点的主要韵律参数（本书第三章）。大理方言中的这一现象也许有助于白汉早期双语者习得在其二语——汉语中通过时长来编码韵律焦点的能力。然而，和回辉话—汉语双语者不同，却与泉州南部闽南语—汉语双语者相类似的是，本研究中的白汉早期双语者显示了在其汉语中通过扩展音域、提高音高最大值来区分焦点和焦点后的优异表现。与 Chen et al.（2014）的观点一致，尽管白汉双语者仍未能与汉语母语者完全一致，但是本研究认为白汉早期双语者对于通过变化音高相关韵律参数来编码焦点的成功习得也许可以归因于高强度的标准汉语训练。

在未来的研究中，通过考察标准汉语单语者对白汉早期双语者所产出的汉语韵律焦点编码的感知和评判，可以让人们更全面地了解早期双语者韵律焦点编码的最终习得状态。另外，在下一步的研究中还需考察白汉双语者的汉语韵律焦点编码产出与理解之间的关系。一些针对二语学习者的研究发现，对于二语学习者而言，某些特定句法特征的产出有先于理解的情况（Tasseva-Kurktchieva, 2015）。然而，只有极少的研究关注了双语者的韵律焦点编码的感知，而对感知的关注是区别于理解研究的（Wang et al., 2012; Xu et al., 2012）。比如，Xu et al.（2012）将一个产出实验中的 SVO 句子作为感知实验的语料来源，并测试台湾闽南语—汉语的双语者是否能够判断某个句子成分"被强调"。然而，值得质疑的是，在这样的实验中，被听话人所感知到的"被强调的成分"是否能被认为是感知凸显性和信息结构编码之间的直接连接。如果白汉早期双语者韵律焦点编码的产出和理解是并行的，那么笔者可以有自信地总结早期双语者能够最终获得其二语和汉语母语者一样的语言能力。已有研究发现"焦点—重音"映射（focus-to-accentuation mapping）在母语成人中并不一定和理解是并行的（Lentz & Chen, 2015）。如有证据能够表明在早期双语者的二语中存在"产出先于理解"的（production-precedes-comprehension）不对应关系或者是"理解先于产出"（comprehension-precedes-production）的不对应关系，那么这可能可以说明二语习得中的最终习得状态在不同的语言模态中可能是存在差异的。

第六章 讨论与结论

一 引言

双语者是如何获得韵律焦点编码能力的？——这一问题长久以来吸引着来自不同领域关注语言发展的研究者们。已有研究主要关注的是单语者韵律焦点编码的习得，基本达成共识的是：单语儿童在学习正确地使用韵律来编码焦点方面经历了较为复杂的发展过程（Arnhold, 2016; Chen, 2009, 2011; Grigos & Patel, 2010; Müller et al., 2006; Romøren, 2016; Wonnacott & Watson, 2008; Yang & Chen, 2014）。然而，对于双语环境下韵律焦点编码习得的研究主要却集中在对成人的语言能力的观察而非对发展的探索（Barnes & Michnowicz, 2015; Bullock, 2009; Colantoni, 2011; Colantoni & Gurlekian, 2004; Grosser, 1997; Gut & Pillai, 2014; O'Rourke, 2005, 2012; Swerts & Zerbian, 2010; Van Rijswijk & Muntendam, 2012; Van Rijswijk et al., 2017; Zerbian, 2013）。本研究考察了从6岁至13岁的白汉早期双语儿童如何习得其二语——汉语的韵律焦点编码。

本研究的核心问题是早期双语儿童如何习得其二语——汉语的韵律焦点编码。具体说来，本研究的目标是对两个关键问题进行探索：（1）早期单语儿童的二语习得是否展示出和单语儿童的一语习得一样的发展路径和发展速率？（2）母语迁移和二语输入如何塑造早期双语儿童的韵律焦点编码习得？为了这个研究目标，本研究考察了（近乎）白语单语者产出的白语，具体探究的是在白语中韵律是否用于编码窄焦点、焦点域和对比度存在差异的不同焦点类型（研究问题1）；考察了（近乎）大理方言单语者产出的大理方言，具体探究的是在大理方言中韵律是否用于编码窄焦点、焦点域和对比度存在差异的不同焦点类型（研究问题2）；考察了6岁至13岁白语（L1）—汉语（L2）早期双语儿童产出的汉语，具体探究的是在早期双语儿童产出的汉语中韵律是否用于编码窄焦点、焦点域和对比度存在差异的不同焦点类型（研究问题3）；考察了白语（L1）—汉语（L2）早期双语成人产出的汉语，具体探究的是在早期双语成人产出的汉语中韵律是否用于编码窄焦点、焦点域和对比度存在差异的不同焦点类型（研究问题4）。

在接下来的部分中，首先展示的是本书第二、三、四和五章的主要研究结果并讨论这些研究结果如何支持或否决在第一章中所提出的研究假设和预设（本章第二部分）；然后讨论在第一章中提出的两个核心问题（本章第三部分）；最后，笔者就未来对双语者韵律发展研究的方向提出建议。

二 主要研究发现、重访研究假设

就白语中韵律在焦点编码中所扮演的角色问题（研究问题1），考虑到在声调语言中，时长和音高如何被用于韵律焦点编码和声调数量并不相关（Jannedy，2007；Wang et al.，2011；Xu，1999），且已有研究缺乏一致性的证据能够表明在语言接触环境中较权威语言在韵律编码方面会影响非权威语言（Wang et al.，2011，2012；Xu et al., 2012），本研究提出两个相反的研究假设（研究假设 1a 和研究假设 1b）。所提出的研究假设 1 及基于此研究假设提出的研究预设复述如（1）：

（1）**研究假设 1a**：白语使用时长和音高来编码焦点的方式和标准汉语存在差异。

研究预设：（近乎）白语单语者只通过延长焦点成分的时长（和非焦点成分比）来编码窄焦点。另外，他们既不通过变化时长也不通过变化音高来区分焦点域和对比度存在差异的不同焦点类型。这一表现和在中国南方其他的声调语言表现类似。

研究假设 1b：白语使用时长和音高来编码焦点的方式和标准汉语类似。

研究预设：（近乎）白语单语者通过扩展焦点成分的音域（和非焦点成分比）、延长焦点成分的时长（和非焦点成分比）来编码窄焦点。另外，他们通过变化时长和音高来区分焦点域和对比度存在差异的不同焦点类型。这一表现和标准汉语一致。

本研究的实验结果表明，（近乎）白语单语者通过延长焦点成分的时长来区分窄焦点和焦点后。然而，他们并没有通过改变音高相关韵律参数来编码窄焦点。另外，他们既不使用音高相关的韵律参数，也不使用时长来区分不同的焦点类型（窄焦点、对比焦点和宽焦点）。因此，白语的韵律焦点编码方式和标准汉语不一致。如 Yang & Chen（2014）和 Yang（2017）所发现的：虽然标准汉语单语者只通过变化时长来区分窄焦点和宽焦点，但是他们通过扩展焦点成分的音域、延长焦点成分的时长来编码窄焦点。和标准汉语说话人相比，就使用韵律来编码焦点方面，白语说话人的使用程度较低。本研究结果因而证实了研究假设 1a，即白语在使用韵律来编码焦点上区别于标准汉语，和研究假设 1b 相反。这一研究结果进而表明：尽管白语长期和汉语处在密切的语言接触中，且白语在词汇、句法等方面都表现出受到汉语的影响，但是在韵律焦点编码方面，白语似乎并未受到标准汉语的影响。因而，在这个方面，白语的情况和彝语、德昂语、台湾闽南语和回辉话更类似。

就大理方言中韵律是如何用来编码焦点的问题（研究问题 2），已有针对与非汉语变体接触的汉语变体的研究表明，与非汉语变体长期处在接触环境中的汉语变体表现出区别于标准汉语的韵律焦点编码方式，比如对于台湾普通话的研究（Xu et al., 2012）。因而，本研究提出研究假设 2。所提出的研究假设 2 及基于此研究假设提出的预设复述如（2）：

(2) **研究假设 2**：长期和白语处在密切语言接触中的大理方言，其使用时长和音高来编码焦点的方式和白语相似。

研究预设：（近乎）大理方言的单语者会通过延长焦点成分的时长（和与之对应的非焦点成分相比）来编码窄焦点。另外，大理方言单语者和白语母语者的表现类似，即：大理方言单语者既不通过变化时长，也不通过变化音高相关韵律参数来编码焦点域存在差异的不同焦点类型。

本研究结果表明，焦点成分与其是焦点前成分和焦点后成分相比，（近乎）大理方言单语者通过延长焦点成分的时长来编码窄焦点。但是，大理方言单语者却并未通过变化音高相关韵律参数来编码窄焦点。因此,在韵律编码的方式上,大理方言区别于标准汉语,却和白语类似。另外,(近乎)大理方言单语者既不通过变化音高相关韵律参数也不通过变化时长来区分焦点域存在差异的不同焦点类型,这一表现和(近乎)白语单语者类似(第二章),却和标准汉语的单语者不同(Yang,2017)。最后,(近乎)大理方言单语者既不通过变化音高相关韵律参数又不通过变化时长来区分对比度存在差异的不同焦点类型,这一表现和(近乎)白语单语者(第二章)、标准汉语的单语者一致(Yang,2017)。因此,大理方言只通过使用时长来编码窄焦点——这一表现和白语类似,却区别于标准汉语。总而言之,本研究的实验结果证实了研究假设2,即长期和白语处在密切语言接触中的大理方言,其使用时长和音高来编码焦点的方式和白语相似。与很多汉语的地域变体、标准汉语不同的是(Chen,2010;Duan & Jia,2014;段文君等,2013;Ouyang & Kaiser,2015;Shen & Xu,2016,2016;Wang et al.,2011;Xu,1999;Yang,2017),在大理方言中,焦点的韵律编码是通过时长变化实现的。结合关于台湾普通话的研究结果(Chen et al.,2009;Xu et al.,2012),本研究的研究结果显示,在韵律焦点编码方面,和非权威语言的密切接触能够导致汉语的地域变体产生不同于标准汉语的显著差异。

就白汉早期双语儿童的汉语韵律焦点发展路径问题(研究问题3),已有研究认为对于声调语言的学习者而言,音高相关韵律参数的变化在声学空间中所剩无几。因而,和音高相比,时长可能是声调语言学习者更容易掌握并进行变化的韵律参数(Yang & Chen,2017)。本研究根据这一观点,提出研究假设3a。所提出的研究假设3a及基于此研究假设提出的预设复述如(3)。另一方面,已有研究发现:

在标准汉语的半自然语料中，只有时长用于区分焦点类型，而时长和音高近乎同等程度地被用于区分窄焦点和非焦点（Yang，2017）。基于这样的发现，可以推断：对于标准汉语的学习者来说，使用韵律来区分焦点类型要比使用韵律来区分窄焦点和非焦点要更容易掌握一些。这一推断确实在汉语单语儿童的研究中被证实了（Yang & Chen，2017）。考虑到白汉早期双语儿童二语习得的正式目标是标准汉语，另外还考虑到早期双语儿童的二语习得在很多语言领域中都和单语儿童的一语习得类似（Dulay & Burt，1973，1974；Jia，2003；Krashen，1982；Paradis，2005，2007），本研究提出研究假设3b。所提出的研究假设（研究假设3a和研究假设3b）及基于此研究假设提出的预设复述如（3）。

（3）**研究假设3a**：白汉早期双语儿童对于使用时长来编码焦点的习得要早于对于使用音高相关韵律参数用于焦点编码的习得。

研究预设：白汉早期双语儿童在所有声调中均通过延长焦点成分的时长来区分窄焦点和焦点前、焦点后；在某些声调中也通过使用音高相关韵律参数来区分窄焦点和焦点前、焦点后。

研究假设3b：白汉早期双语儿童对使用韵律来编码焦点类型的习得要早于对使用韵律来区分窄焦点和非焦点的习得。

研究预设：白汉早期双语儿童在其汉语的所有声调中对掌握通过时长变化来区分窄焦点和宽焦点的习得要比对掌握通过时长变化和音高相关韵律参数来区分窄焦点和非焦点的习得要早。

本研究考察了从6岁开始接受正式标准汉语教育的白汉早期双

第六章 讨论与结论

语儿童的二语——汉语中的韵律焦点编码的习得发展过程。一共考察了三个年龄组的双语儿童：6—7岁、9—10岁、12—13岁。本研究的实验结果发现，白汉早期双语儿童在6—7岁时，就已经习得了使用时长来编码窄焦点的能力。具体来说，和标准汉语成年说话人类似的是，所考察的三个年龄组的儿童在其汉语的所有声调中，均通过延长焦点成分的时长来区分窄焦点和非焦点（包括焦点前、焦点后）。其次，所有的年龄组均未在任一声调使用音高相关韵律参数，包括：音域、音高最大值、音高最小值，来区分窄焦点和非焦点。再次，所有的年龄组均未在任一声调使用时长或音高相关韵律参数来区分窄焦点和宽焦点。另外，所有的年龄组均未在任一声调使用时长或音高相关韵律参数来区分对比焦点和非对比焦点。因而，本研究的实验结果证实了研究假设3a，即：白汉早期双语儿童对使用时长来编码焦点的习得要早于对使用音高相关韵律参数来编码焦点的习得。和Yang & Chen（2017）和Yang（2017）的观点一致，本研究认为：对于声调语言的学习者来说，在习得的初级阶段，音高相关韵律参数的变化在声学空间中所剩无几。因而，对通过时长变化来编码焦点的习得要比通过音高变化来编码焦点的习得要早一些。另外，考虑到在白汉早期双语儿童的一语——白语中是使用时长来编码窄焦点的，本研究认为双语者的一语使用时长来编码焦点这一特征有助于双语者对其二语使用时长来编码焦点的习得。但是，本研究的实验结果并未证实研究假设3b，并且显示：白汉早期双语儿童对使用韵律来区分不同焦点类型的习得并未早于对使用韵律来区分窄焦点和非焦点的习得。考虑到在白汉早期双语儿童的一语——白语中，时长和音高均未用于编码焦点域存在差异的不同焦点类型，本研究认为双语儿童在其二语中对于使用韵律参数来编码焦点类型习得的不成功，可归因于母语负迁移。另外，非标准汉语输入在白汉早期双语儿童的习得中也扮演了重要的角色。此问题将在接下来的部分中进行更为深入的论述。

就白汉早期双语者二语韵律焦点编码的最终习得状态而言（研究问题4），本研究考察了一所当地小学的汉语老师——他们同时也是白汉早期双语者——所产出的韵律焦点编码。所考察的汉语老师曾在较早的年龄段就开始了标准汉语的学习（即，6—7岁），且在六岁以前就在日常生活中，非正式地接触到大理方言（汉语的一个地域变体）。另外，他们曾接受过高强度的标准汉语训练，在其日常生活中活跃地使用标准汉语。考虑到早期二语输入、高强度的二语使用、二语训练质量对于早期双语者在其二语中能否获得和母语者一致的语言能力是十分重要的（Chen et al., 2014; Gut & Pillai, 2014; Huang & Jun, 2011; Wang et al., 2012），且本研究所考察的学校老师能够代表白汉早期双语者的最高汉语水平，本研究提出研究假设4。所提出的研究假设及基于此研究假设提出的预设复述如（4）。

(4) **研究假设4**：白汉早期双语成人在其汉语中的韵律焦点编码习得能够获得和汉语母语者一样的能力。

研究预设：白汉早期双语成人能够在其汉语的所有声调中掌握像汉语单语者一样的、使用时长和音高相关韵律参数来区分窄焦点和非焦点的能力。另外，白汉早期双语成人能够在其汉语的所有声调中掌握像汉语单语者一样的、使用时长来区分窄焦点和宽焦点的能力。

第六章　讨论与结论

本研究发现，白汉早期双语成人通过延长焦点成分的时长来区分窄焦点和焦点前、焦点后。这一表现和汉语单语成人的产出类似。另外，本研究还发现：虽然汉语单语成人既使用音高相关韵律参数，也使用时长来区分窄焦点和焦点前、焦点后，白汉早期双语成人却只通过扩展焦点成分的调域、提高焦点成分的音高最大值来区分窄焦点和焦点后（Yang，2017）。然而，和汉语单语成人不一致的是，本研究所考察的白汉早期双语成人既不使用音高相关韵律参数也不使用时长来区分焦点域和对比度存在差异的不同焦点类型。因此，本研究的实验结果并未证实研究假设4，即白汉早期双语成人未能在其汉语中掌握和汉语母语者完全一致的韵律焦点编码能力。本研究发现白汉双语成人最终获得了能够通过变化音高和时长标记焦点的能力，但和标准汉语中所使用的方式并不完全一致。和回辉话—汉语早期双语者（Wang et al.，2012）、泉州南部闽南语—汉语早期双语者（Chen et al.，2014）的表现类似的是：白汉早期双语者在其汉语中使用时长来编码窄焦点的方式和标准汉语者所使用的方式一致。然而，白汉早期双语者使用音高相关韵律参数来区分窄焦点和焦点前、不同焦点类型的表现却和标准汉语母语者不完全一致。如此区别于汉语母语者的、使用音高来编码焦点的表现也同样在回辉话—汉语双语者和一些泉州南部闽南语—汉语早期双语者中观察到。就早期双语者在其二语中能否成功地使用时长和音高来编码焦点这一问题，上述研究的结果存在不同程度的差异。本研究认为这一差异可以归因于学习者一语和二语在韵律焦点编码方式上的共性和差异。如在引言中所回顾的，在回辉话—汉语早期双语者、泉州南部闽南语—汉语早期双语者、白汉早期双语者的一语中，只有时长被用来编码焦点。这可说明，是双语者一语和二语在韵律焦点编码方式上的共性帮助了学习者在其汉语中使用时长这一韵律参数来进行焦点编码。然而,和回辉话—汉语双语者不同,却和泉州南部闽南语—汉语双语者类似的是,本研究所考察的白汉早期双语者在其汉语中展示出了能够通过扩展焦点成分的音域、提高焦点成分的音高最大值来区分窄焦点和焦点后的非凡能力。和 Chen et al. (2014) 的观点一致,本研究认为双语者所接受过的高强度的标准汉语训练也许能解释白汉早期双语者通过变化音高及其相关韵律参数来编码窄焦点的能力。就白汉双语者未能达到和汉语母语者同样水平的问题,笔者将在接下来的部分中进行深入探讨。

三 讨论与结论

就白汉早期双语者一语——白语中韵律焦点编码的问题,研究问题 1 的答案提供了第一手的资料。就白汉早期双语儿童二语韵律焦点习得发展中的二语输入的性质问题,研究问题 2 和研究问题 4 的答案也提供了第一手的资料。另外,研究问题 3 和研究问题 4 的答案则建立了白汉早期双语儿童二语韵律焦点编码习得的发展路径和白汉早期双语成人二语韵律焦点编码习得的最终习得状态。

根据这四个研究问题的答案,本研究可以揭示早期双语者二语习得和单语者一语习得在发展路径和发展速率上的共性和差异,并进一步讨论母语迁移和二语输入在早期双语者二语韵律焦点编码习得和发展中的影响及作用。上述的研究结果和针对汉语单语儿童(Yang & Chen, 2017)和成人(Yang, 2017)的研究结果在表 6-1 中一并进行比较和展示。

表6-1 汉语（母语者 & 双语者）、大理方言、白语的韵律焦点编码方式对比一览①

语言/语言变体	单语者年龄组	韵律参数	焦点 vs. 焦点前 单语者	焦点 vs. 焦点前 双语者	焦点 vs. 焦点后 单语者	焦点 vs. 焦点后 双语者	焦点 vs. 宽焦点 单语者	焦点 vs. 宽焦点 双语者	焦点 vs. 对比焦点 单语者	焦点 vs. 对比焦点 双语者	双语者年龄组
汉语	4—5	时长	+	+	+	+	+	−	−	−	6—7
		音域	−	−	−	−	−	−	−	−	
		音高最大值	−	−	>(T1, T2, T4)	−	+	−	−	−	
		音高最小值	<(T2)	−	>(T1)	−	−	−	−	−	
	7—8	时长	+	+	+	+	+	−	−	−	9—10
		音域	+	−	>(T2, T4)	−	−	−	−	−	
		音高最大值	>(T1, T4)	−	>(T1, T2, T4)	−	−	−	−	−	
		音高最小值	<(T2, T3)	−	>(T1)	−	−	−	−	−	
	10—11	时长	+	+	+	+	+	−	+	−	12—13
		音域	+	−	>(T2, T3)	−	+	−	−	−	
		音高最大值	+	−	>(T1, T2, T4)	−	−	−	−	−	
		音高最小值	+	−	>(T1)	−	−	−	−	−	
	成人	时长	+	+	+	+	+	−	−	−	成人
		音域	+	−	+	−	−	−	−	−	
		音高最大值	−	−	+	−	+	−	−	−	
		音高最小值	+	−	>(T1)	−	−	−	−	−	
大理方言	成人	时长	+		+		−		−		
		音域	−		−		−		−		
		音高最大值	−		−		−		−		
		音高最小值	−		−		−		−		

① 在表6-1中，"+"表示相对应的韵律参数，比如时长、音域、音高最大值或音高最小值被用于区分不同的焦点条件。"−"表示并无任何证据表明相对应的韵律参数被用于区分不同的焦点条件。"T1"、"T2"、"T3"或"T4"表示在该声调中发现韵律参数用于区分不同的焦点条件。另外，"<"或">"表示不同焦点条件差异的方向性。同样的标示方式也运用在本书第四章，表4-25中。

续表

语言/语言变体	单语者年龄组	韵律参数	焦点 vs. 焦点前 单语者	焦点 vs. 焦点前 双语者	焦点 vs. 焦点后 单语者	焦点 vs. 焦点后 双语者	焦点 vs. 宽焦点 单语者	焦点 vs. 宽焦点 双语者	焦点 vs. 对比焦点 单语者	焦点 vs. 对比焦点 双语者	双语者年龄组
白语	成人	时长	-		+		-		-		
		音域	-		-		-		-		
		音高最大值	-		-		-		-		
		音高最小值	-		-		-		-		

　　如表6-1所示，白汉早期双语者的二语韵律焦点编码习得和汉语单语者的一语韵律焦点编码习得在发展路径和发展速率上存在共性和差异。与汉语单语儿童韵律焦点习得的发展路径相比，就时长和音高的使用而言，双语儿童较早掌握通过变化时长来编码窄焦点的发展顺序和汉语单语儿童的发展顺序一致。具体说来，汉语单语儿童在4岁至5岁时，就已经掌握了在所有声调中通过变化时长来编码窄焦点的能力。然而，汉语单语儿童在4岁至5岁时通过变化音高来编码窄焦点的能力却只表现在几个声调中。简单说，汉语单语儿童对通过时长变化来编码焦点的习得要早于对通过音高变化来编码焦点的习得。与汉语单语儿童类似的是：白汉双语儿童在6岁至7岁时，已经掌握了在其汉语中通过变化时长来区分窄焦点和非焦点（即：焦点前和焦点后）的能力。然而，处于此年龄段的白汉双语儿童却无法像汉语母语者那样通过变化音高来编码窄焦点。但是，和单语儿童不同的是，双语儿童对通过时长变化来区分不同焦点类型的习得并不比对区分窄焦点和非焦点的习得早。具体说来，4岁至5岁的汉语单语儿童在使用时长来区分窄焦点和宽焦点的表现上已经和汉语成人非常相似，但是他们使用音高相关的韵律参数却还未能和汉语成人一样。7岁至8岁时，汉语单语儿童不再通过变化

第六章　讨论与结论

音高相关韵律参数来区分窄焦点和宽焦点，这一表现和汉语单语成人类似。10岁至11岁时，汉语单语儿童通过变化音域来区分窄焦点和宽焦点，这一表现和汉语单语成人在半自然语料中的表现不一致，但是却和汉语单语成人在朗读语料中的表现一致（Xu，1999）。然而，10岁至11岁的汉语单语儿童仍未在所有声调中习得通过变化音高相关韵律参数来区分窄焦点和非焦点。汉语儿童是先习得通过韵律变化来编码不同焦点类型，后习得通过韵律变化来区分窄焦点和非焦点。和汉语儿童不同的是，6岁至7岁的白汉早期双语儿童既不通过变化时长也不通过变化音高来区分不同的焦点类型。然而，在同样的年龄段（即：6岁至7岁），双语儿童已经在其汉语中掌握了通过使用时长来区分窄焦点和非焦点（即：焦点前和焦点后）。

就发展速率而言，本研究发现早期双语儿童的二语习得和单语儿童的一语习得存在发展速率上的差异。从相似的语言输入年限来看，白汉早期双语儿童并未在12岁至13岁（即：接受了5年的正式标准汉语教育之后）发展出对应于4岁至5岁汉语单语儿童的语言能力。这表明了双语者在语言发展速率方面相对缓慢。具体说来，本研究结果显示6岁至7岁的早期双语儿童在其汉语中习得通过变化音高相关韵律参数来编码窄焦点时遇到了困难。尽管双语成人能够在一定程度上使用音高相关韵律参数来编码焦点，但是对于双语儿童来说，这样的困难并未在9岁至10岁（即：接受了2年的正式标准汉语教育之后）、12岁至13岁（即：接受了5年的正式标准汉语教育之后）中的任一声调中得到克服。与此同时，汉语单语儿童却显示出了他们逐步的进步和发展。他们从较局限地使用音高来编码窄焦点、焦点域存在差异的不同焦点类型、对比度存在差异的不同焦点类型，一直发展到和汉语单语成人完全一致的能力来编码焦点和焦点类型。比如，汉语单语儿童在4岁至5岁时还未掌握使用音高最大值来区分窄焦点和焦点前的能力。而在7岁至8岁时，他们已经能够在第一声和第四声中通过使用音高最大值来区分窄焦点和焦点前。稍后，在10岁至11岁时，汉语单语儿童已经和汉语单语成人一样：在所有的声调中均能通过变化音高最大值来区分窄焦点和焦点前。在将早期双语儿童二语发展的路径和速率和单语儿童的一语发展进行比较的研究中，就词汇习得和语法习得（Dulay & Burt, 1973, 1974; Jia, 2003; Krashen, 1982; Paradis, 2005, 2007）而言，本研究得出的结论与之相反。但是，本研究的结论与早期双语者二语音段音系习得的研究结论类似。也就是，本研究发现双语者和单语者并无可比性，且双语者的二语发展和一语者的发展相比要相对滞后一些。

这里，可能有两个原因导致了白汉早期双语儿童二语习得较慢的发展速率。第一，白语（L1）和汉语（L2）在韵律焦点编码上的差异也许能够解释在发展速率上的差异。在白汉双语者的一语（白语）和二语（汉语）中都存在着使用音高来实现区分词汇意义的需求，即声调实现。但是在句子层面，只有在双语者的二语（汉语）中存在着使用音高来实现韵律焦点编码的需求。因而，对于白汉早期双语者而言，在其二语中习得具有语言特性（language-specific）的、使用韵律来编码焦点恐怕是一个极具挑战性的任务。

第二，非标准汉语输入可能导致了白汉早期双语者二语——汉语习得相对缓慢的习得速率。汉语单语儿童在北京出生、长大（即：Yang & Chen, 2017 研究中所考察的汉语单语儿童），他们不仅在日常生活、大众媒体中均获得标准汉语的输入，也能获得北京话的输入。然而，白汉早期双语者在中国西南一个和标准汉语相对疏离的地区成长。尽管白汉双语者被动地通过大众媒体获得标准汉语的输入，但是他们在日常交际中主要接触到的是"非标准汉语变体"。这里所谓的"非标准汉语变体"包括在大理地区使用的两种汉语变体：一种是由白汉早期双语成人产出的汉语学习者变体（类标准汉语）；另外一种是由生活在白语地区（即：大理地区），但是不会说白语的、（近乎）大理方言单语者产出的汉语地域变体（即：大理方言）。然而，本研究已经发现，这两种汉语变体和标准汉语在韵律焦点编码方式上存在很大差异。另外，已有对单语者（Grünloh et al., 2015；Nelson, Hirsh-Pasek, Jusczyk & Cassidy, 1989；Snow, 1972)、早期双语成人（Chen, 2014；Chen et al., 2014；Gut & Pillai, 2014）和晚期双语者（Flege, 2009；Flege & Liu, 2001；Piske et al., 2001）不同语言领域的习得研究均已发现：语言输入的质量是至关重要的。已有针对早期双语成人韵律焦点编码方式的研究也曾推测：早期双语者二语中不成功的韵律焦点编码习得可归因于"非标准的语言输入"（Chen et al., 2014；Gut & Pillai, 2014）。与已有研究的推测不同的是，本研究就早期双语儿童所处语言环境中的多个二语输入来源进行了深入和实证的研究。通过实验考察，本研究首次直接地提供了实验证据来表明：二语输入的质量会影响早期双语儿童二语习得的发展速率。同时，非标准语言输入反过来也能解释为什么拥有较高汉语水平的白汉早期双语成人仍不能像汉语母语者一样在其汉语中使用音高来编码焦点。

总而言之，通过考察6岁至13岁的白汉早期双语儿童和白汉早期双语成人，本研究探明了白汉早期双语者汉语韵律焦点编码的发展路径和最终习得状态。本研究发现，在韵律焦点编码的发展路径和速率上，早期双语儿童二语和单语儿童一语发展既存在着共性，又存在着差异。另外，本研究发现白汉双语成人在其汉语中使用时长和音高相关韵律参数时拥有较高的水平，但是他们的表现和汉语母语者仍并不完全一致。本研究结果显示，母语迁移（即：母语正迁移和负迁移）的影响在双语者的二语发展中是显而易见的，而这一影响也曾广泛地在对双语语言习得研究的其他领域中被发现（Baker & Trofimovich，2005；Barnes & Michnowicz，2015；Bullock，2009；Flege & Fletcher，1992；Simonet，2008；Tsukada et al.，2004；Wang et al.，2012）。更为重要的是，非标准二语输入也许也影响了早期双语者二语习得的发展路径和发展速率。

  本研究的不足之处在于：虽然当前所考察的儿童发音人样本和已有对早期双语者语言发展研究中所采用的样本在数量上基本持平，且大于大多数对于早期双语成人韵律焦点习得的研究，但是，从统计效应和普遍性的角度看，本研究在第二章至第五章中所汇报的儿童发音人样本，仍相对较小。本研究的数据已建立起了较为合理的单样本—实验条件比例（case-to-condition ratios）。单样本—实验条件比例的运算是通过将所有的样本数单独除以每一个年龄组和结果变量的组合总数。具体说来，第二章中的单样本—实验条件比例范围从 36：1 到 50：1，第三章中的单样本—实验条件比例范围从 21：1 到 23：1，第四章中的单样本—实验条件比例范围从 15：1 到 31：1，第五章中的单样本—实验条件比例范围从 20：1 到 22：1。上述单样本—实验条件比例保证了本研究实验结果的可信度。然而，发音人样本较小确实增加了产生第一统计错误（Type I errors）——拒真错误的可能性。因而，采用更大的样本来复制当前研究，从而验证当前研究结果的普遍性是非常有意义的。

四 有待进一步研究的问题

笔者认为有三个话题可以考虑进一步探索。第一，对于从十三岁到成人阶段双语者的韵律焦点习得的发展进行深入探索。在本研究中，笔者发现12岁至13岁的白汉早期双语者在其汉语中并未使用音高相关韵律参数来编码焦点。但是，本研究也同时发现，白汉早期双语成人在其汉语中，通过使用音域和音高最大值来编码焦点。这说明：对于使用音高相关韵律参数来编码焦点的能力能够在早期双语者二语发展的较晚阶段获得。如 Grigos & Patel（2010）的建议：儿童似乎在整个青少年时期仍在持续地完善发音动作来编码焦点。换句话说，在未来的研究中，可以就早期双语儿童二语的发展是否及如何一直持续至青少年和成人早期阶段进行探索。如此的研究思路能帮助人们完善对于后青春期语言发展的了解。

第二个值得未来探索的话题是：标准汉语的单语者如何感知白汉早期双语者所产出的汉语韵律焦点编码的"母语程度"（nativeness）？如果本研究在白汉双语者身上所观察到的非母语标准的韵律焦点编码方式能够影响其汉语的"母语程度"，那么这就表明在言语产出中，韵律焦点编码能够作为衡量二语——汉语水平的标准。

第三个值得未来探索的话题是：白汉早期双语者的汉语的产出和理解之间的连接（link）问题。已有对于韵律焦点感知的研究主要采用的是较为简单的辨认实验，而在辨认实验中一般所采用的是在产出实验中收集的句子。比如，Xu（2012）使用了从一个产出实验中录制、收集的SVO的句子来探索标准汉语说话人是否能判定句子中的哪一个成分或无任一成分是"被强调"的。这一类型的辨认实验在已有对韵律焦点编码的研究中得到了广泛运用，比如对北索托语（Northern Sotho）的研究（Zerbian，2007），孟加拉语的研究（Choudhury & Kaiser，2012），标准汉语的研究（Xu et al.，2012），豪萨语的研究（Hartmann & Zimmermann，2007），台湾普通话的研究（Xu et al.，2012），台湾闽南语的研究（Xu et al.，2012）和越南语的研究（Jannedy，2007）。这些研究均显示出听话人能够感知到焦点成分在感知上的凸显性。另外，焦点后压缩（焦点后成分的音域和音强的压缩）被认为是有助于提高焦点的识别率的。比如，Xu（2012）发现，台湾闽南语和台湾普通话的焦点识别率和标准汉语相比很明显地要低很多，这一现象可以归因于在台湾闽南语和台湾普通话中，焦点后压缩的缺失①。然而，是否被听话人感知到的"被强调的成分"就能被视为是感知凸显性和信息结构编码之间的直接链接？这一问题其实是值得深思的。因此，将给定语境下的信息结构编码纳入考察范围内的理解实验，比如由 Birch & Clifton（1995）提出的反应时范式，并稍后由 Chen（2010，2014）延用并改革的用于语言发展研究的研究范式；Mulders & Szendroj（2016）所采用的基于眼动实验的视觉—世界研究范式等，这些理解实验范式都可以对韵律焦点编码的理解研究提供新的研究方法和思路。已有研究发现在第一语言习得中，儿童的焦点—重音映射的产出和理解是相似的。然而，一些针对词法—句法关联特征习得的研究发现：产出和理解在二语学习者中却存在不对等（asymmetry）的关系。鉴于当前

---

① Xu et al.（2012）的研究表明"台湾闽南语和台湾普通话的焦点识别率（50.7—73.3%的正确识别率，虽然说这一正确率无论如何都比 4 个交替的焦点判断选项所应有的 25%正确率——随机猜的要高很多，但是也许可以归因于焦点成分的声学凸显，参照 Wu & Xu，2001 对粤语的研究结果）很明显地比汉语（66.7%—90.9%）要低很多。另外，哪怕是对于汉语来说，当句子的焦点在句末位置、焦点后没有可能实现的情况下，对于焦点的识别率（66.7%）也和台湾闽南语和台湾普通话类似"。

第六章 讨论与结论

较少研究关注双语儿童韵律焦点编码产出和理解之间的关系，对于双语说话人韵律焦点编码的产出和理解是对等的还是不对等的问题仍有待探索，且这样的考察将会是一个非常有趣的研究问题。另外，第二语言的水平在产出和理解的关系上也许扮演了重要的角色。

参考文献

艾磊、苏玮雅、尹曼芬：《白语喜洲镇话声调的测试分析》，《大理大学学报》1997 年第 2 期。

大理白族自治州地方志编纂委员会办公室：《大理州年鉴（2011）》，云南民族出版社 2011 年版。

戴庆夏、李绍尼：《汉语对白语的影响》，戴庆夏主编：《汉语与少数民族语言关系概论》，中央民族大学出版社 1992 年版。

邓瑶、何稳菊：《云南大理喜洲白族居民语言生活调查》，《民族翻译》2012 年第 3 期。

段成荣、周福林：《我国留守儿童状况研究》，《人口研究》2005 年第 1 期。

段文君、贾媛、冉启斌：《山东方言焦点语音实现的共性和差异性特征——以济南，聊城，淄博方言为例》，《清华大学学报》（自然科学版）2013 年第 6 期。

何稳菊：《喜洲白语单字调实验研究》，硕士学位论文，云南大学，2015 年。

李琳：《小议云南下关方言和普通话之间的语音差别》，《云南农业大学学报》（社会科学版）2009 年第 1 期。

参考文献

李义祝：《云南鹤庆汉语方言和白语的语言接触研究》，硕士学位论文，暨南大学，2012年。

吴积才、张甹：《大理方言简况及音系》，《玉溪师范学院学报》1988年第6期。

徐琳主编：《大理丛书·白语篇》，云南民族出版社2008年版。

张霞：《汉白双语教育及其教材建设》，《大理学院学报》2012年第7期。

赵衍荪、徐琳：《白汉词典》，四川民族出版社1996年版。

赵燕珍：《赵庄白语参考语法》，博士学位论文，中央民族大学，2009年。

Allen, B., *Bai dialect survey*, Kunming: Yunnan Nationalities Publishing House, 2004.

Arnhold, A., Chen, A. & Järvikivi, J., Acquiring complex focus-marking: Finnish 4-to 5-year-olds use prosody and word order in interaction, *Frontiers in Psychology*, 2016, 7: 1–19.

Arnhold, A., Complex prosodic focus marking in Finnish: Expanding the data landscape, *Journal of Phonetics*, 2016, 56: 85–109.

Asu, E. L. & Nolan, F., The analysis of low accentuation in Estonian, *Language and Speech*, 2007, 50 (4): 567–588.

Baayen, R. H., Davidson, D. J. & Bates, D. M., Mixed-effects modeling with crossed random effects for subjects and items, *Journal of Memory and Language*, 2008, 59 (4): 390–412.

Backman, N., Intonation errors in second-language pronunciation of eight Spanish-speaking adults learning English, *Interlanguage Studies Bulletin*, 1979: 239–265.

Baker, W. & Trofimovich, P., Interaction of native-and second-language vowel system (s) in early and late bilinguals, *Language and Speech*, 2005, 48 (1): 1 – 27.

Bard, E. G. & Aylett, M. P., The dissociation of deaccenting, givenness, and syntactic role in spontaneous speech, In J. J. Ohala, Y. Hasegawa, M. Ohala, D. Granville & A. C. Bailey (Eds.), *Proceedings of the International Congress of Phonetic Sciences* (*ICPhS* – 14), San Francisco, 1999: 1753 – 1756.

Barnes, H. & Michnowicz, J., Broad focus declaratives in Veneto-Spanish bilinguals: Peak alignment and language contact, *Studies in Hispanic and Lusophone Linguistics*, 2015, 8 (1): 35 – 57.

Bates, D., Kliegl, R., Vasishth, S. & Baayen, H., Parsimonious mixed models, *arXiv*: 1506.04967 [*Stat*], Retrieved from http://arxiv.org/abs/1506.04967, 2015.

Bates, D., Mächler, M., Bolker, B. & Walker, S., lme4: Linear mixed-effects models using Eigen and S4. Retrieved from http://CRAN.R – project.org/package = lme4, 2015.

Bauer, R. S., Cheung, K., Cheung, P. & Ng, L., Acoustic correlates of focus-stress in Hong Kong Cantonese, In *Eleventh Annual Meeting of the Southeast Asian Linguistics Society*, 2001: 29 – 49.

Baumann, S., Becker, J., Grice, M. & Mücke, D., Tonal and articulatory marking of focus in German, In J. Trouvain & J. B. William (Eds.), *Proceedings of the 16th International Congress of Phonetic Sciences*, Saarbrücken: Saarland University, 2007: 1029 – 1032.

Beckman, M. E. & Pierrehumbert, J. B., Intonational structure in Japanese and English, *Phonology*, 1986, 3 (1): 255 – 309.

参考文献

Beckman, M. E., The parsing of prosody, *Language and Cognitive Processes*, 1996, 11 (1-2): 17-68.

Bialystok, E. & Miller, B., The problem of age in second-language acquisition: Influences from language, structure, and task, *Bilingualism: Language and Cognition*, 1999, 2 (2): 127-145.

Birch, S. & Clifton, C., Focus, accent, and argument structure: Effects on language comprehension, *Language and Speech*, 1995, 38 (4): 365-391.

Boersma, P. & Weenink, D., Praat: Doing phonetics by computer (Version 5.4.01), Retrieved from http://www.praat.org/, 2006.

Bruce, G., Textual aspects of prosody in Swedish, *Phonetica*, 1982, 39 (4-5): 274-287.

Bullock, B. E., Prosody in contact in French: A case study from a heritage variety in the U.S.A., *International Journal of Bilingualism*, 2009, 13 (2): 165-194.

Burdin, R. S., Phillips-Bourass, S., Turnbull, R., Yasavul, M., Clopper, C. G. & Tonhauser, J., Variation in the prosody of focus in head- and head/edge-prominence languages, *Lingua*, 2015, 165, Part B: 254-276.

Chafe, W. L., Givenness, contrastiveness, definiteness, subjects, topics, and point of view, In C. N. Li (Ed.), *Subject and topic*, New York: Academic Press, 1976: 25-55.

Chao, Y., *A grammar of spoken Chinese*, Berkeley and Los Angeles: University of California Press, 1968.

Chao, Y., A system of tone letters, *Le Maitre Phonetique*, 1930 (45):

24 – 27.

Chen, A., Get the focus right across languages: Acquisition of prosodic focus-marking in production, In P. Prieto & Esteve-Gibert (Eds.), *Prosodic development*, Amsterdam: Benjamins, 2017.

Chen, A., Is there really an asymmetry in the acquisition of the focus-to-accentuation mapping? *Lingua*, 2010, 120 (8): 1926 – 1939.

Chen, A., Production-comprehension (a) symmetry: Individual differences in the acquisition of prosodic focus-marking, In N. Campbell, D. Gibbon & D. Hirst (Eds.), *Proceedings of the 7th International Conference on Speech Prosody*, Dublin, Ireland, 2014: 423 – 427.

Chen, A., The phonetics of sentence-initial topic and focus in adult and child Dutch, In M. Cláudia Vigário, S. Frota & M. J. Freitas (Eds.), *Phonetics and phonology: Interactions and interrelations* (Vol. 306: 91 – 106), Amsterdam: John Benjamins Publishing, 2009.

Chen, A., The prosodic investigation of information structure, In M. Krifka & R. Musan (Eds.), *The expression of information structure*, Berlin: Mouton de Gruyter, 2012: 251 – 286.

Chen, A., Tuning information packaging: Intonational realization of topic and focus in child Dutch, *Journal of Child Language*, 2011, 38 (5): 1055 – 1083.

Chen, S., Wang, B. & Xu, Y., Closely related languages, different ways of realizing focus, In *Interspeech*, Brighton, UK, 2009: 1007 – 1010.

Chen, Ying, Guion-Anderson, S. & Xu, Y., Post-focus compression in second language Mandarin, In Q. Ma, H. Ding & D. Hirst (Eds.),

Proceedings of Speech Prosody 2012, Shanghai, China, 2012: 410 – 413.

Chen, Ying, Xu, Y. & Guion-Anderson, S., Prosodic realization of focus in bilingual production of Southern Min and Mandarin, *Phonetica*, 2014, 71 (4): 249 – 270.

Chen, Ying, *Prosodic realization of focus in second language speech: Effects of language experience* (Doctoral dissertation), University of Oregon, 2014.

Chen, Yiya & Braun, B., Prosodic realization of information structure categories in Standard Chinese, In R. Hoffmann & H. Mixdorff (Eds.), *Proceedings of Speech Prosody* 2006, Dresden, Germany, 2006.

Chen, Yiya & Gussenhoven, C., Emphasis and tonal implementation in Standard Chinese, *Journal of Phonetics*, 2008, 36 (4): 724 – 746.

Chen, Yiya, Lee, P. P. & Pan, H., Topic and focus marking in Chinese, In C. Féry & S. Ishihara (Eds.), *The Oxford handbook of information structure*, Oxford: Oxford University Press, 2016: 733 – 752.

Chen, Yiya, Post-focus F0 compression—Now you see it, now you don't, *Journal of Phonetics*, 2010, 38 (4): 517 – 525.

Choudhury, A. & Kaiser, E., Prosodic focus in Bangla: A psycholinguistic investigation of production and perception, *In LSA Annual Meeting Extended Abstracts*, 2012, 3: 25 – 1.

Clark, H. H., Haviland, S. E. & Freedle, R., Comprehension and the Given-New contrast, In *Discourse production and comprehension*, Norwood, N. J., Ablex, 1977, 1: 1 – 40.

Colantoni, L. & Gurlekian, J., Convergence and intonation: historical evidence from Buenos Aires Spanish, *Bilingualism: Language and Cognition*, 2004, 7 (2): 107 – 119.

Colantoni, L., Broad-focus declaratives in Argentine Spanish contact and non-contact varieties, In C. Gabriel & C. Lleó (Eds.), *Intonational phrasing in Romance and Germanic: Cross-linguistic and bilingual studies*, Amsterdam: John Benjamins Publishing, 2011: 183 – 212.

Cooper, W. E., Eady, S. J. & Mueller, P. R., Acoustical aspects of contrastive stress in question-answer contexts, *The Journal of the Acoustical Society of America*, 1985, 77 (6): 2142 – 2156.

De Jong, J., On the treatment of focus phenomena in functional grammar, *GLOT, Leids Taalkundig Bulletin*, 1980, 3: 89 – 115.

De Ruiter, L. E., *Studies on intonation and information structure in child and adult German* (Doctoral dissertation), Radboud University, Nijmegen, 2010.

DeKeyser, R. M., The robustness of critical period effects in second language acquisition, *Studies in Second Language Acquisition*, 2000, 22 (4): 499 – 533.

Dryer, M. S. & Haspelmath, M. (Eds.), *The world atlas of language structures online*, Leipzig: Max Planck Institute for Evolutionary Anthropology, 2013.

Duan, W. & Jia, Y., The typology of focus realization of Northern Mandarin, *In Proceedings of the 9th International Symposium on Chinese Spoken Language Processing*, Singapore, 2014: 492 – 496.

Dulay, H. C. & Burt, M. K., Natural sequences in child second language acquisition, *Language Learning*, 1974, 24 (1): 37 – 53.

Dulay, H. C. & Burt, M. K. , Should we teach children syntax? *Language Learning*, 1973, 23 (2): 245 – 258.

Field, A. , Miles, J. & Field, Z. , *Discovering statistics using R*, Los Angeles: SAGE Publication Ltd. , 2012.

Flege, J. E. & Fletcher, K. L. , Talker and listener effects on degree of perceived foreign accent, *The Journal of the Acoustical Society of America*, 1992, 91 (1): 370 – 389.

Flege, J. E. & Liu, S. , The effect of experience on adults' acquisition of a second language, *Studies in Second Language Acquisition*, 2001, 23 (4): 527 – 552.

Flege, J. E. , Give input a chance, In T. Piske & M. Young-Scholten (Eds.), *Input matters in SLA*, Bristol: Multilingual Matters, 2009: 175 – 190.

Frey, W. , Contrast and movement to the German prefield, In V. Molnár & S. Winkler (Eds.), *The architecture of focus*, Berlin: de Gruyter, 2006: 235 – 264.

Frota, S. , The prosody of focus: A case-study with cross-linguistic implications, *In Proceedings of Speech Prosody* 2002, Aix-en-Provence, France, 2002: 315 – 318.

Genesee, F. , Early bilingual development: one language or two? *Journal of Child Language*, 1989, 16 (1): 161 – 179.

Goodluck, H. , Language acquisition and linguistic theory, In P. Fletcher & M. Garman (Eds.), *Language acquisition*, Cambridge: Cambridge University Press, 1986: 49 – 68.

Grigos, M. I. & Patel, R. , Acquisition of articulatory control for sentential focus in children, *Journal of Phonetics*, 2010, 38 (4): 706 – 715.

Grosjean, F. , *Bilingual*, Cambridge, MA: Harvard University Press, 2010.

Grosjean, F. , Processing mixed language: Issues, findings, and models, In A. M. B. de Groot & J. F. Kroll (Eds.), *Tutorials in bilingualism: Psycholinguistic perspectives*, Mahwah, NJ: Lawrence Erlbaum Associates, 1997: 225 – 254.

Grosser, W. , On the acquisition of tonal and accentual features of English by Austrian learners, In A. James & J. Leather (Eds.), *Second language speech: Structure and process*, Berlin: Mouton de Gruyter, 1997: 211 – 228.

Grünloh, T. , Lieven, E. & Tomasello, M. , Young children's intonational marking of new, given and contrastive referents, *Language Learning and Development*, 2015, 11 (2): 95 – 127.

Gu, W. & Lee, T. , Effects of focus on prosody of Cantonese speech-A comparison of surface feature analysis and model-based analysis, *In Proceedings of the International Workshop Paralinguistic Speech' 07*, Saarbrücken, Germany, 2007: 59 – 64.

Guasti, M. T. , *Language acquisition: The growth of grammar*, Cambridge, MA: The MIT Press, 2004.

Guion, S. G. , Knowledge of English word stress patterns in early and late Korean-English bilinguals, *Studies in Second Language Acquisition*, 2005, 27 (4): 503 – 533.

Gundel, J. K. , On different kinds of focus, In P. Bosch & R. Van de

Sandt (Eds.), *Focus: Linguistic, cognitive, and computational perspectives*, Cambridge: Cambridge University Press, 1999: 293 –305.

Gundel, J. K., Universals of topic-comment structure, *Studies in Syntactic Typology*, 1988, 17: 209 –239.

Gussenhoven, C. & Teeuw, R., A moraic and a syllabic H-tone in Yucatec Maya, *Fonología Instrumental: Patrones Fónicos Y Variación*, 2008: 49 –71.

Gussenhoven, C., Focus, mode and the nucleus, *Journal of Linguistics*, 1983, 19 (2): 377 –417.

Gussenhoven, C., Notions and subnotions in information structure, *Acta Linguistica Hungarica*, 2007, 55 (3 –4): 381 –395.

Gussenhoven, C., *The phonology of tone and intonation*, Cambridge: Cambridge University Press, 2004.

Gussenhoven, C., Types of focus in English, In C. Lee, M. Gordon & D. Büring (Eds.), *Topic and focus*, Dordrecht: Springer, 2008: 83 –100.

Gussenhoven, C., Yucatec Maya tone in sentence perspective, *Poster Presented at LabPhon* 10, Paris, 2006,

Gut, U. & Pillai, S., Prosodic marking of information structure by Malaysian speakers of English, *Studies in Second Language Acquisition*, 2014, 36 (2): 283 –302.

Halliday, M., Matthiessen, C. M. & Matthiessen, C., *An introduction to functional grammar*, London: Routledge, 2004.

Halliday, M. A., Notes on transitivity and theme in English: Part 1, *Journal of Linguistics*, 1967a, 3 (1): 37 –81.

Halliday, M. A., Notes on transitivity and theme in English: Part 2, *Journal of Linguistics*, 1967b, 3 (2): 199–244.

Hanssen, J., Peters, J. & Gussenhoven, C., Prosodic effects of focus in Dutch declaratives, In *Proceedings of Speech Prosody* 2008, Campinas, Brazil, 2008: 609–612.

Hartmann, Katharina & Zimmermann, M., In place-out of place? Focus in Hausa, In K. Schwabe & S. Winkler (Eds.), *On information structure, meaning and form: Generalizing across languages*, Amsterdam: John Benjamins Publishing Company, 2007: 365–403.

He, X., Hanssen, J., van Heuven, V. J. & Gussenhoven, C., Phonetic implementation must be learnt: Native versus Chinese realization of focus accent in Dutch, *In Proceedings of the 17th International Congress of Phonetic Sciences*, Hong Kong, China, 2011: 843–846.

Hefright, B. E., *Language contact as bilingual contrast among Bái language users in Jiànchuān County, China* (Doctoral dissertation), The University of Michigan, 2011.

Heldner, M., On the reliability of overall intensity and spectral emphasis as acoustic correlates of focal accents in Swedish, *Journal of Phonetics*, 2003, 31 (1): 39–62.

Hockett, C. F., A course in modern linguistics, *Language Learning*, 1958, 8 (3–4): 73–75.

Hoffmann, C., *Introduction to bilingualism*, London: Routledge, 2014.

Hoot, B., *Presentational focus in heritage and monolingual Spanish* (Doctoral dissertation), Univeristy of Illinois at Chicago, 2012.

Houwer, A. D., Bornstein, M. H. & Putnick, D. L., A bilingual-monolingual comparison of young children's vocabulary size: Evidence from comprehension and production, *Applied Psycholinguistics*, 2014, 35 (6): 1189 – 1211.

Huang, B. H. & Jun, S. – A. , The effect of age on the acquisition of second language prosody, *Language and Speech*, 2011, 54 (3): 387 – 411.

İşsever, S. , Information structure in Turkish: the word order – prosody interface, *Lingua*, 2003, 113 (11): 1025 – 1053.

Jackendoff, R. S. , *Semantic interpretation in generative grammar*, Cambridge, MA: The MIT Press, 1972.

Jannedy, S. , Prosodic focus in Vietnamese, In S. Ishihara, S. Jannedy & A. Schwarz (Eds.), *Interdisciplinary studies on information structure*, Postdam: Universitätsverlag Potsdam, 2007, 8: 209 – 230.

Jannedy, S. , The effect of focus on lexical tones in Vietnamese, In A. Botinis (Ed.), *Proceedings of ISCA Tutorial and Research Workshop On Experimental Linguistics*, Athens: ISCA and the University of Athens, 2008: 113 – 116.

Jia, G. , The acquisition of the English plural morpheme by native Mandarin Chinese-speaking children, *Journal of Speech, Language, and Hearing Research*, 2003, 46 (6): 1297 – 1311.

Johnson, J. S. & Newport, E. L. , Critical period effects in second language learning: The influence of maturational state on the acquisition of English as a second language, *Cognitive Psychology*, 1989, 21 (1): 60 – 99.

Jun, S. – A. & Lee, H. – J. , Phonetic and phonological markers of contrastive focus in Korean, *In Proceedings of the 5th International Conference on Spoken Language Processing* (*ICSLP* 98), Sydney, Australia, 1998.

Kelm, O. R., An acoustic study on the differences of contrastive emphasis between native and non-native Spanish speakers, *Hispania*, 1987, 70 (3): 627 –633.

Kohnert, K., Processing skills in early sequential bilinguals, *Bilingual Language Development and Disorders in Spanish-English Speakers*, 2004: 53 –76.

Krashen, S. D., Accounting for child-adult differences in second language rate and attainment, In S. D. Krashen, M. Long & R. Scarcella (Eds.), *Child-adult differences in second language acquisition*, Rowley, MA: Newbury House, 1982, 2: 202 –226.

Krashen, S. D., Lateralization, language learning, and the critical period: Some new evidence, *Language Learning*, 1973, 23 (1): 63 –74.

Krifka, M., Basic notions of information structure, *Acta Linguistica Hungarica*, 2008, 55 (3 –4): 243 –276.

Kuznetsova, A., Brockhoff, P. B. & Christensen, R. H. B., lmerTest: Tests in linear mixed effect models, *R Package Version* 2.0 –20, Retrieved from http: //CRAN. R-project. org/package = lmerTest, 2013.

Kügler, F. & Genzel, S., On the prosodic expression of pragmatic prominence: The case of pitch register lowering in Akan, *Language and Speech*, 2012, 55 (3): 331 –359.

Kügler, F. & Skopeteas, S., On the universality of prosodic reflexes of contrast: The case of Yucatec Maya, In *Proceedings of the 16th Internation-*

al *Congress of Phonetic Sciences*, Saarbrücken, 2007: 1025 – 1028.

Ladd, D. R., *Intonational phonology*, Cambridge: Cambridge University Press, 1996.

Lakshmanan, U., Child second language acquisition of syntax, *Studies in Second Language Acquisition*, 1995, 17 (3): 301 – 329.

Lambrecht, K., *Information structure and sentence form: Topic, focus, and the mental representations of discourse referents*, Cambridge: Cambridge University Press, 1994.

Lanza, E., Can bilingual two-year-olds code-switch? *Journal of Child Language*, 1992, 19 (3): 633 – 658.

Lenneberg, E. H., *The biological foundations of language*, New York: John Wiley & Sons, 1967.

Lentz, T. O. & Chen, A., Unbalanced adult production and perception in prosody, *In Proceedings of International Congress of Phonetic Sciences*, Glasgow, UK: University of Glasgow, 2015.

Li, Y., *Language planning in China*, Berlin: Walter de Gruyter, 2015.

Lin, Y.-H., *The sounds of Chinese*, Cambridge: Cambridge University Press, 2007.

Liu, Z., Chen, A. & Van de Velde, H., Prosodic focus marking in Bai, In N. Campbell, D. Gibbon & D. Hirst (Eds.), *Proceedings of the 7th International Conference on Speech Prosody*, Dublin, Ireland, 2014: 628 – 631.

Liu, Z., Chen, A. & Van de Velde, H., Prosodic focus marking in Bai-Mandarin sequential bilinguals' Mandarin, *In Proceedings of Speech Prosody* 2016, Boston, U.S.A., 2016a: 951 – 955.

Liu, Z., Chen, A. & Van de Velde, H., Prosodic focus marking in minority L1 Bai-children learning Mandarin Chinese as L2, In J. Scott & D. Waughtal (Eds.), *Proceedings of the 40th annual Boston University Conference on Language Development*, Boston, U.S.A., 2016b.

Liu, Z., Van de Velde, H. & Chen, A., Prosodic focus marking in Dali Mandarin, In C. DiCanio, J. Malins, J. Good, K. Michelson, J. Jaeger & H. Keily (Eds.), *Proceedings of the 5th International Symposium on Tonal Aspects of Language*, Buffalo, New York, 2016: 103–106.

Long, M. H., Maturational constraints on language development, *Studies in Second Language Acquisition*, 1990, 12 (3): 251–285.

Magezi, D. A., Linear mixed-effects models for within-participant psychology experiments: An introductory tutorial and free, graphical user interface (LMMgui), *Frontiers in Psychology*, 2015, 6: 1–7.

Man, V. C. H., Focus effects on Cantonese tones: An acoustic study, *In Proceedings of Speech Prosody* 2002, Aix-en-Provence, France, 2002: 467–470.

Maskikit-Essed, R. & Gussenhoven, C., No stress, no pitch accent, no prosodic focus: the case of Ambonese Malay, *Phonology*, 2016, 33 (2): 353–389.

McGory, J. T., *Acquisition of Intonational Prominence in English by Seoul Korean and Mandarin Chinese Speakers* (Doctoral dissertation), The Ohio State University, 1997.

McLaughlin, B., *Second language acquisition in childhood: Volume 2. School-age children*, New York: Psychology Press, 2012.

Meisel, J. M., Child second language acquisition or successive first language acquisition, In B. Haznedar & E. Gavruseva (Eds.), *Current trends in child second language acquisition*, Amsterdam: John Benjamins Publishing Company, 2008: 55 – 80.

Meisel, J. M., The bilingual child, In T. K. Bhatia & W. C. Ritchie (Eds.), *The handbook of bilingualism*, Malden, MA: Blackwell Publishing, 2004: 90 – 113.

Michaud, A. & Brunelle, M., Information structure in Asia: Yongning Na (Sino-Tibetan) and Vietnamese (Austroasiatic), In C. Féry & S. Ishihara (Eds.), *The Oxford handbook of information structure*, Oxford: Oxford University Press, 2016: 774 – 789.

Michaud, A. & Vu-Ngoc, T., Glottalized and nonglottalized tones under emphasis: Open quotient curves remain stable, F0 curve is modified, In B. Bel & I. Marlien (Eds.), *Proceedings of Speech Prosody 2004*, Nara, Japan, 2004: 745 – 748.

Mulders, I. & Szendroj, K., Early association of prosodic focus with alleen "only": Evidence from eye movements in the visual-world paradigm, *Frontiers in Psychology*, 2016, 7: 1 – 19.

Muntendam, A. & Torreira, F., Focus and prosody in Spanish and Quechua, In M. E. Armstrong, N. Henriksen & M. del M. Vanrell (Eds.), *Intonational grammar in Ibero-Romance: Approaches across linguistic subfields*, Amsterdam: John Benjamins Publishing Company, 2016: 69 – 89.

Müller, A., Höhle, B., Schmitz, M. & Weissenborn, J., Focus-to-stress alignment in 4-to 5-year-old German – learning children, In A. Belletti,

E. Bennati, C. Chesi, E. DiDomenico & I. Ferrari (Eds.), *Proceedings of GALA* 2005, Newcastle: Cambridge Scholars Press, 2006: 393 – 407.

Nava, E. & Zubizarreta, M. L., Order of L2 acquisition of prosodic prominence patterns: Evidence from L1 Spanish/L2 English speech, In J. Crawford, K. Otaki & M. Takahashi (Eds.), *Proceedings of the 3rd Conference on Generative Approaches to Language Acquisition North America* (*GALANA* 2008), Somerville, MA: Cascadilla Proceedings Project, 2009: 175 – 187.

Nava, E. & Zubizarreta, M. L., Prosodic Transfer in L2 Speech: Evidence from Phrasal Prominence and Rhythm, *In Proceedings of Speech Prosody* 2008, Campinas, Brazil, 2008: 335 – 338.

Nelson, D. G. K., Hirsh-Pasek, K., Jusczyk, P. W. & Cassidy, K. W., How the prosodic cues in motherese might assist language learning, *Journal of Child Language*, 1989, 16 (1): 55 – 68.

Oller, D. K., Pearson, B. Z. & Cobo-Lewis, A. B., Profile effects in early bilingual language and literacy, *Applied Psycholinguistics*, 2007, 28 (2): 191 – 230.

Ouyang, I. C. & Kaiser, E., Prosody and information structure in a tone language: An investigation of Mandarin Chinese, *Language, Cognition and Neuroscience*, 2015, 30 (1 – 2): 57 – 72.

O'Brien, M. & Gut, U., Phonological and phonetic realisation of different types of focus in L2 speech, In K. Dziubalska-Kołaczyk, M. Wrembel & M. Kul (Eds.), *Proceedings of the 6th International Symposium on the Acquisition of Second Language Speech, New Sounds*

2010, Poznań, Poland, 2010: 331-336.

O'Rourke, E., *Intonation and language contact: A case study of two varieties of Peruvian Spanish* (Doctoral dissertation), University of Illinois at Urbana-Champaign, 2005.

O'Rourke, E., The realization of contrastive focus in Peruvian Spanish intonation, *Lingua*, 2012, 122 (5): 494-510.

Paradis, J., Grammatical morphology in children learning English as a second language: Implications of similarities with specific language impairment, *Language, Speech, and Hearing Services in Schools*, 2005, 36 (3): 172-187.

Paradis, J., Second language acquisition in childhood, In E. Hoff & M. Shatz (Eds.), *Blackwell handbook of language development*, Malden: John Wiley & Sons, 2007: 387-405.

Pearson, B. Z., Fernandez, S. C., Lewedeg, V. & Oller, D. K., The relation of input factors to lexical learning by bilingual infants, *Applied Psycholinguistics*, 1997, 18 (1): 41-58.

Penfield, W. & Roberts, L., *Speech and brain mechanisms*, Princeton, New Jersey: Princeton University Press, 2014.

Piske, T., MacKay, I. R. & Flege, J. E., Factors affecting degree of foreign accent in an L2: A review, *Journal of Phonetics*, 2001, 29 (2): 191-215.

Quené, H. & Van den Bergh, H., Examples of mixed-effects modeling with crossed random effects and with binomial data, *Journal of Memory and Language*, 2008, 59 (4): 413-425.

R Core Team, R: A language and environment for statistical computing,

R Foundation for Statistical Computing, Vienna, Austria, Retrieved from http: //www. R-project. org/, 2014.

Rasier, L. & Hiligsmann, P., Exploring the L1 – L2 relationship in the L2 acquisition of prosody, In Proceedings of First and Second Languages: Exploring the Relationship in Pedagogy-related Context, Oxford, 2009.

Rasier, L. & Hiligsmann, P., Prosodic transfer from L1 to L2. Theoretical and methodological issues, Nouveaux Cahiers de Linguistique Française, 2007, 28: 41 – 66.

Rasier, L., Hiligsmann, P., Caspers, J. & Van Heuven, V., Accentual marking of information status in Dutch and French as foreign languages. Production and perception, In K. Dziubalska-Kołaczyk, M. Wrembel & M. Kul (Eds.), Proceedings of the 6th International Symposium on the Acquisition of Second Language Speech, New Sounds 2010, Poznań, Poland, 2010: 379 – 385.

Romøren, A. S. H. & Chen, A., Quiet is the new loud: Pausing and focus in child and adult Dutch, Language and Speech, 2015, 58 (1): 8 – 23.

Romøren, A. S. H., Hunting highs and lows: The acquisition of prosodic focus marking in Swedish and Dutch (Doctoral dissertation), Utrecht University, 2016.

Rump, H. H. & Collier, R., Focus conditions and the prominence of pitch-accented syllables, Language and Speech, 1996, 39 (1): 1 – 17.

Schauber, E., Focus and presupposition: A comparison of English intonation and Navajo particle placement, In D. J. Napoli (Ed.), *Elements of tone, stress, and intonation*, Washington, D. C.: Georgetown University Press, 1978: 144 – 173.

Schwartz, B. D., Why child L2 acquisition? In J. Van Kampen & S. Baauw (Eds.), *Proceedings of Generative Approaches to Language Acquisition* 2003, Utrecht, The Netherlands: LOT Occasional Series, 2004: 47 – 66.

Sebastián-Gallés, N. & Soto-Faraco, S., Online processing of native and non-native phonemic contrasts in early bilinguals, *Cognition*, 1999, 72 (2): 111 – 123.

Selkirk, E., *Phonology and syntax: The relationship between sound and structure*, Cambridge, MA: The MIT press, 1986.

Selkirk, E., Sentence prosody: Intonation, stress, and phrasing, In J. A. Goldsmith (Ed.), *The handbook of phonological theory*, Cambridge, Massachusetts: Blackwell, 1995: 550 – 569.

Sgall, P., Hajicová, E. & Panevová, J., *The meaning of the sentence in its semantic and pragmatic aspects*, Dordrecht: Reidel, 1986.

Shen, C. & Xu, Y., Prosodic Focus with Post-focus Compression in Lan-Yin Mandarin, *In Proceedings of Speech Prosody* 2016, Boston, MA, U. S. A., 2016.

Shih, C., Tone and intonation in Mandarin, *Working Papers of the Cornell Phonetics Laboratory*, 1988, 3: 83 – 109.

Simonet, M., *Language contact in Majorca: An experimental sociophonetic approach* (Doctoral dissertation), University of Illinois at Urbana-Champaign, 2008.

Snow, C. E., Mothers' speech to children learning language, *Child Development*, 1972, 43 (2): 549 – 565.

Swerts, M. & Zerbian, S., Intonational differences between L1 and L2 English in South Africa, *Phonetica*, 2010, 67 (3): 127 – 146.

Tasseva-Kurktchieva, M., Can production precede comprehension in L2 acquisition? *Second Language Research*, 2015, 31 (4): 493 – 522.

Thomason, S. G., *Language contact*, Edinburgh: Edinburgh University Press, 2001.

Treffers-Daller, J., Variability in code-switching styles: Turkish-German code-switching patterns, In R. Jacobson (Ed.), *Code-switching Worldwide*, Berlin: Mouton de Gruyter, 1997: 177 – 197.

Trofimovich, P. & Baker, W., Learning prosody and fluency characteristics of second language speech: The effect of experience on child learners' acquisition of five suprasegmentals, *Applied Psycholinguistics*, 2007, 28 (2): 251 – 276.

Tsukada, K., Birdsong, D., Mack, M., Sung, H., Bialystok, E. & Flege, J. E., Release bursts in English word-final voiceless stops produced by native English and Korean adults and children, *Phonetica*, 2004, 61 (2 – 3): 67 – 83.

Tucker, G. R., A global perspective on multilingualism and multilingual education, In J. Cenoz & F. Genesee (Eds.), *Beyong bilingualism: Multilingualism and multilingual education*, Clevedon: Multilingual Matters, 1998: 3 – 15.

Turco, G., Dimroth, C. & Braun, B., Prosodic and lexical marking of contrast in L2 Italian, *Second Language Research*, 2015, 31 (4): 465 – 491.

Turk, A., Nakai, S. & Sugahara, M., Acoustic segment durations in prosodic research: A practical guide, In S. Sudhoff (Ed.), *Methods in empirical prosody research*, Berlin: Mouton de Gruyter, 2006: 1 – 28.

Ueyama, M. & Jun, S. – A., Focus realization of Japanese English and Korean English intonation, *UCLA Working Papers in Phonetics*, 1996: 110 – 125.

Unsworth, S., *Child L2, adult L2, child L1: Differences and similarities, A study on the acquisition of direct object scrambling in Dutch* (Doctoral dissertation), Utrecht University, 2005.

Vallduví, E. & Engdahl, E., The linguistic realization of information packaging, *Linguistics*, 1996, 34 (3): 459 – 520.

Vallduví, E., *The informational component* (Doctoral dissertation), University of Pennsylvania, Philadelphia, U. S. A., 1990.

Van Rijswijk, R. & Muntendam, A., The prosody of focus in the Spanish of Quechua-Spanish bilinguals: A case study on noun phrases, *The International Journal of Bilingualism*, 2012, 18 (6): 614.

Van Rijswijk, R., Muntendam, A. & Dijkstra, T., Focus marking in Dutch by heritage speakers of Turkish and Dutch L1 speakers, *Journal of Phonetics*, 2017, 61: 48 – 70.

Wang, B., Li, C., Wu, Q., Zhang, X., Wang, B. & Xu, Y., Production and perception of focus in PFC and non-PFC languages: Comparing Beijing Mandarin and Hainan Tsat, *In INTERSPEECH*

2012, *13th Annual Conference of the International Speech Communication Association*, Portland, OR, U. S. A., 2012: 663 – 666.

Wang, B., Wang, L. & Qadir, T., Prosodic realization of focus in six languages/dialects in China, In *Proceedings of the 17th International Congress of Phonetic Sciences*, Hong Kong, China, 2011: 144 – 147.

Wang, F., *Language contact and language comparison: the case of Bai* (Doctoral dissertation), City University of Hong Kong, Hong Kong, 2004.

Wang, F., On the genetic position of the Bai language, *Cahiers de Linguistique Asie Orientale*, 2005, 34 (1): 101 – 127.

Wang, W. S. & Li, K. – P., Tone 3 in pekinese, *Journal of Speech, Language, and Hearing Research*, 1967, 10 (3): 629 – 636.

Weinreich, U., *Languages in contact: Findings and problems*, The Hague: Mouton, 1974.

Wells, W. H., An experimental approach to the interpretation of focus in spoken English, *Intonation in Discourse*, 1986, 53: 75.

Wiersma, G. C., *A study of the Bai (Minjia) language along historical lines* (Doctoral dissertation), University of California, Berkeley, 2005.

Wonnacott, E. & Watson, D. G., Acoustic emphasis in four year olds, *Cognition*, 2008, 107 (3): 1093 – 1101.

Wu, W. L. & Chung, L., Post-focus compression in English-Cantonese bilingual speakers, In *Proceedings of the 17th International Congress of Phonetic Sciences*, Hong Kong, China, 2011: 148 – 151.

Wu, W. L. & Xu, Y., Prosodic focus in Hong Kong Cantonese without post-focus compression, In *Proceedings of Speech Prosody* 2010, Chicago, IL, U. S. A. , 2010: 1 – 4.

Xu, Y. & Wang, Q. E. , Pitch targets and their realization: Evidence from Mandarin Chinese, *Speech Communication*, 2001, 33 (4): 319 – 337.

Xu, Y. & Xu, C. X. , Phonetic realization of focus in English declarative intonation, *Journal of Phonetics*, 2005, 33 (2): 159 – 197.

Xu, Y. , Chen, S. – W. & Wang, B. , Prosodic focus with and without post-focus compression: A typological divide within the same language family? *The Linguistic Review*, 2012, 29 (1): 131 – 147.

Xu, Y. , Contextual tonal variations in Mandarin, *Journal of Phonetics*, 1997, 25 (1): 61 – 83.

Xu, Y. , Effects of tone and focus on the formation and alignment of f0 contours, *Journal of Phonetics*, 1999, 27 (1): 55 – 105.

Yang, A. & Chen, A. , Prosodic focus marking in child and adult Mandarin Chinese, In C. Gussenhoven, Y. Chen & D. Dediu (Eds.), *Proceedings of the 4th International Symposium on Tonal Aspects of Language*, Nijmegen, 2014: 54 – 58.

Yang, A. & Chen, A. , The developmental path to adult-like prosodic focus-marking in Mandarin Chinese-speaking children, *First Language*, First Published October 11, 2017. https://doi. org/10. 1177/014 2723717733920, 2017.

Yang, A. , *The acquisition of prosodic focus-marking in Mandarin Chinese and Seoul Korean-speaking children* (Doctoral dissertation), Utrecht University, 2017.

Yip, M., *Tone*, Cambridge: Cambridge University Press, 2002.

Zerbian, S., Investigating prosodic focus marking in Northern Sotho, In K. Hartmann, E. Aboh & M. Zimmermann (Eds.), *Focus strategies: Evidence from African languages*, Berlin: Mouton de Gruyter, 2007: 55 – 79.

Zerbian, S., Prosodic marking of narrow focus across varieties of South African English, *English World-Wide*, 2013, 34 (1): 26 – 47.

Zhang, J., Issues in the analysis of Chinese tone, *Language and Linguistics Compass*, 2010, 4 (12): 1137 – 1153.

Zhang, J., Tones, tonal phonology, and tone sandhi, In J. C. – T. Huang, A. Y. – H. Li & A. Simpson (Eds.), *The handbook of Chinese linguistics*, Malden, MA: John Wiley & Sons, 2014: 443 – 464.

Zubizarreta, M. L. & Nava, E., Encoding discourse-based meaning: Prosody vs. syntax. Implications for second language acquisition, *Lingua*, 2011, 121 (4): 652 – 669.

附　　录

附录 A　家庭语言使用问卷（中文版）

云南喜洲镇白语韵律实验配套问卷（家庭语言使用问卷）　20 题（包括表格）

家长姓名或代码_____　　孩子姓名或代码_____

Part A 个人背景情况

A1. 您的年龄_____岁

A2. 您的职业_____

A3. 您的最高学历_____

A4. 您的民族_____

A6N. 您的性别

　　□男

　　□女

A7N. 您和被调查人的关系是？

　　□父母与子女

　　□祖父母与孙子女

　　□如您的情况不属上述选项，请另作说明_____

Part B 语言能力（可多选）

B2. 您的母语是什么？

□白语

□汉语普通话

□汉语方言

如您的情况不属上述选项，请另作说明_____

B1. 您会说哪些语言？

□白语

□汉语普通话

□汉语方言

□如您的情况不属上述选项，请另作说明_____

Part C 语言学习途径

C1. 您的白语是怎样学会的？

□从小和抚养人学会的（从小就会说，不知道是和谁学的）

□不是从小和抚养人学会的，是_____岁开始，在_____（地方），和_____（人）学的

□不会白语

□如您的情况不属上述选项，请另作说明_____

C2. 您的普通话是怎样学会的？

□从小和抚养人学会的

□不是从小和抚养人学会的，是_____岁开始，在_____（地方），和_____（人）学的

□不会普通话

□如您的情况不属上述选项，请另作说明_____

C3. 您的方言是怎样学会的？

□从小和抚养人学会的

□不是从小和抚养人学会的，是＿＿＿＿岁开始，在
＿＿＿＿（地方），和＿＿＿＿（人）学的

□不会方言

□如您的情况不属上述选项，请另作说明＿＿＿＿

C4. 您的＿＿＿＿语言怎样学会的？

□从小和抚养人学会的

□不是从小和抚养人学会的，是＿＿＿＿岁开始，在
＿＿＿＿（地方），和＿＿＿＿．（人）学的

□如您的情况不属上述选项，请另作说明＿＿＿＿

Part D 语言环境

Part E 语言使用情况（可多选）只要在您认同的方框里打勾即可

类别	序号	题目	普通话	汉语方言	白语	如您的情况不属上述选项，请另作说明
Part D 语言环境	D1N	家里常看的电视节目使用的语言？（可多选）				
	D5	家庭环境中，哪种语言占主要地位？				
Part E 语言使用情况	E6	与配偶常说哪种语言？（可多选）				
	E7	与子女/孙子女常说哪种语言？				
	E8	与家庭其他成员（除了父母、配偶和子女外）常说哪种语言				
	E9	与朋友常说哪种语言				

Part G 语言使用自我估算

· 225 ·

G1. 您能对您使用白语的比例进行估算吗？_____（例如10%，20%……100%）

G2. 您能对孩子在各个时段主要使用语言的情况加以估算吗？只要在您认同的方框里打勾即可

	时段	普通话	汉语方言	白语	如您的情况不属上述选项，请另作说明
上课期间	上学前 06：00—08：00				
	上课 08：00—12：00				
	中午休息 12：00—14：00				
	上课 14：00—17：00				
	放学后—回家 17：00—18：00				
	回家后 18：00—22：00				
周末休息	早 06：00—12：00				
	中 12：00—18：00				
	晚 18：00—22：00				
寒暑假	早 06：00—12：00				

续表

	时段	普通话	汉语方言	白语	如您的情况不属上述选项，请另作说明
寒暑假	中 12：00— 18：00				
	晚 18：00— 22：00				

Part H 孩子学前教育情况

H1. 孩子上过幼儿园

☐小班

☐中班

☐大班

☐孩子没上过幼儿园

☐如您的情况不属上述选项，请另作说明_____

H2. 孩子上过学前班

☐1 年

☐2 年

☐孩子没上过学前班

☐如您的情况不属上述选项，请另作说明_____

附录 B　家庭语言使用问卷（英文版）

Parental Questionnaire

Participants' name or code _____ Child's name or code _____

20 Items（tables included）

Part A Personal backgrounds

A1. Age _____

A2. Profession _____

A3. Education level _____

A4. Ethic group _____

A6N. Sex

    Male

    Female

    Others _____

A7N. What is your relationship with the child?

    Parents and children

    Grandparents and grandchildren

    Others _____

Part B   Language competence (Multiple choice)

B2. What is your mother tongue?

    Bai language

    Putonghua

    Dali Mandarin

    Other languages _____

B1. What language/languages can you speak?

    Bai language

    Putonghua

    Dali Mandarin

    Other languages _____

Part C Approaches of language learning/acquisition

C1. How did you learn your Bai language?

    From my caregiver (s) when I was a kid.

附 录

When I was _____ years old, in _____ (place/location), from _____ (people)

I can't speak Bai language

Other _____

C2. How did you learn your Putonghua?

From my caregiver (s) when I was a kid.

When I was _____ years old, in _____ (place/location), from _____ (people)

I can't speak Putonghua

Other _____

C3. How did you learn your Dali Mandarin?

From my caregiver (s) when I was a kid.

When I was _____ years old, in _____ (place/location), from _____ (people)

I can't speak Dali Mandarin

Other _____

C4. How did you learn your _____ (language)?

From my supporter since I was a kid.

When I was _____ years old, in _____ (place/location), from _____ (people)

I can't speak Bai language

Other _____

D. Language environnement   (Multiple choice)

E. Language use

Category	NO.	Item	Putonghua	Dali Mandarin	Bai	Other
D. Language environment	D1N	What language is used in the TV programs which your family mostly watches?				
	D5	What language is the major language used at home (in your family)?				
E. Language use	E6	What language or languages do you mostly use when talking to your partner? (Multiple choice)				
	E7	What language or languages do you mostly use when talking to your child/children or grandchild/grandchildren?				
	E8	What language or languages do you mostly use when talking to your other family members (excluded your partner and children).				
	E9	What language or languages do you mostly use when talking to your friends?				
	E9	What language or languages do you mostly use when talking to your friends?				

Part G Self-estimation on language use

G1. Could you please make a self-estimation on the use of Bai language? _____ (For example, 10%, 20%···100%)

G2. Could you please make an estimation about your children's language use? You could mark the cell which you think the language is mostly used by your children.

	Time period	Putonghua	Dali Mandarin	Bai	Other languages
School-days	Before school 06:00—08:00				
	At school 08:00—12:00				
	Lunch break 12:00—14:00				
	At school 14:00—17:00				
	After school-before coming home 17:00—18:00				
	After school 18:00—22:00				
Weekends	Morning 06:00—12:00				
	Afternoon 12:00—18:00				
	Evening 18:00—22:00				
Summer and winter holidays	Morning 06:00—12:00				
	Afternoon 12:00—18:00				
	Evening 18:00—22:00				

Thank you very much for your participation!

附录C 白语实验材料转写文本

注意：在此转写文本中，只呈现出五种焦点条件下的一个目标句。所有的主语（n=4），动词（n=6）和宾语（n=4）均可通过替换而得出其余的目标句。所采用的主语、动词和宾语均可在第二章中的表2-1中找到。转写排序为国际音标（IPA）、英语语素对译、汉语语素对译、英文对译、汉语对译。

句首焦点（NF-i）：

第一句：

/nɔ³³ xa³³/!

you　　look

你　　　看

"Look！"

你看！

第二句：

/tsɯ³³/.

Tree.

树

"Tree."

树。

第三句：

/tse⁵⁵ tsɯ³⁵ kɯ²¹ xuo⁴⁴ ŋv³³ lɯ⁴⁴ tɕa⁵⁵ tɕa⁵⁵ le²¹/.

and　　　sell　things　POSS　shelf　　one（quantifier）

和　　　这　卖　货物　　的　　架架　　个（量词）

"and a shelf."

还有一个货架。

第四句：

/sa⁴² ʐy³⁵ a⁵⁵ tɯ²¹ tsɯ³³ lɯ³³ ui³³ kɯ²¹ tsɯ³³/.

seems　　someone　　　at　　　here　　sell　　tree.

像　　与　　某　　个　　在　　这里　　卖　　树

"It seems like that someone sells the tree."

像是有谁在这里卖树。

第五句：

/a^{55}　tɯ^{21}　kɯ^{21}　tsɯ^{33}/？

who　one　　sell　　tree？

某　　个　　卖　　树？

"who sells the tree?"

谁卖树？

句中焦点（NF-m）：

第一句：

/nɔ^{33} xa^{33}/！

you　look

你　看

"Look！"

你看！

第二句：

/tʰɔ^{55}　lɔ^{55}/.

Rabbit.

兔

"Rabbit."

兔子。

第三句：

/tse^{55}　tsɯ^{35}　tsɯ^{33}/.

· 233 ·

and　　　tree　　one（quantifier）.
和　　　树　　　个（量词）

"And tree".

还有树。

第四句

/sa^{42}　ʑy^{35}　tʰɔ^{55}　lɔ^{55}　tɯ^{21}　ɲo^{44}　tɔ^{42}　tsɯ^{33}/.
seems　　rabbit　　one　　want　do　　tree.
像与　　　兔　　　个　　　要　　搞　　树

"It seems like that the rabbit does something to the tree."

看起来兔子要弄树。

第五句：

/tʰɔ^{55}　lɔ^{55}　tɯ^{21}　　tsɿ^{55}　mɯ^{55}　　tɔ^{42}　　tsɯ^{33}/?
Rabbit　one　　　　how　　　　　do　　　　tree?
兔　　　个　　　　怎　么　　　　搞　　　　树

"What does the rabbit do to the tree?"

兔子怎么弄树？

句末焦点（NF-f）：

第一句：

/nɔ^{33}　xa^{33}/！
You　look！
你　看

"Look!"

你看！

第二句：

/ɕo^{42}/.

附 录

Bear.

熊

"Bear."

熊。

第三句：

/ɕo⁴² tɯ²¹ tsɯ³¹ ke³³ kɯ²¹ xuo⁴⁴ŋv³³ lɯ⁴⁴ tɕa⁵⁵tɕa⁵⁵ le²¹/.
bear one at be sell things POSS shelf one.
熊 个 在 那 卖 货物 的 架架 个。

"The bear stands beside a shelf".

熊在卖东西的货架旁。

第四句：

/sa⁴²ʐy³⁵ ɕo⁴² tɯ²¹ tsɯ³³ lɯ³³ ui³³ kɯ²¹ xuo⁴⁴ŋv³³/.
seems bear one at here sell things
像 与 熊 个 在 这里 卖 货物

"It seems like that the bear sells something."

看起来熊在这里卖东西。

Sentence 5：

/ɕo⁴² tɯ²¹ kɯ²¹ xa⁵⁵ le²¹/?
bear one sell what one?

熊个卖什么个

"What does the bear sell？"

熊卖什么？

宽焦点（BF）：

第一句：

/nɔ³³ xa³³/！

· 235 ·

You　　look！

你　　看

"Look！"

你看！

第二句：

/ŋ³³　xa⁵⁵　ʑa³³　ɲi⁵⁵　xa³³　tɯ³³　tuo³³/.

I　　what　　all　　look　　not.

我　　什么样　　都　　看　　得否

"I can't see anything clearly".

我什么都看不清。

第三句：

/lɯ³³　lɔ⁴⁴　xua⁵⁵　tso³⁵　lɔ⁴⁴　xua⁵⁵　tɯ³³　xa⁵⁵　le²¹/？

you　POSS　picture　one　POSS　draw　doing　what　one？

你　　的　　画　　片　　的　　画　　着　　什么　　个？

"What has been depicted in your picture？"

你的图片上画了什么？

<u>对比焦点（CF-m）</u>：

第一句：

/nɔ³³　xa³³/！

You　look！

你　　看

"Look！"

你看！

第二句：

/kʰua³³/.

Dog.

狗

"Dog."

狗

第三句：

/tse^{55} tsɯ^{35} tsɯ^{33}/.

and   tree   one.

和   树   个。

"And tree."

还有树。

第四句：

/sa^{42} ʐy^{35} k^{h}ua^{33} tɯ^{21} ȵo^{44} tɔ^{42} tsɯ^{33}/.

seems   dog   one   want   do   tree.

像与   狗   个   要   搞   树

"It seems like that the bear does something to the tree."

看起来狗要弄树。

第五句：

/ŋɔ^{33} tsɔ^{42} k^{h}ua^{33} tɯ^{21} ma^{35} tsɯ^{33}/.

I   say   dog   one   wipe   tree.

我   说   狗   个   抹   树

"I guess the bear wipes the tree."

我猜狗抹树。

附录 D 发音人信息一览表（N=51）

发音人组	年龄组	发音人编码	年龄	习得开始年龄（AoA）	性别	采样数	有效采样数（时长&音高分析用）	有效采样比%（时长&音高分析用）①	有效采样数（音高分析用）	有效采样比%（音高分析用）（%）
白汉早期双语儿童组	6—7	g1_p03	7	7	男	80	8	10	7	9
白汉早期双语儿童组	6—7	g1_p04	7	7	女	80	28	35	25	31
白汉早期双语儿童组	6—7	g1_p05	7	7	男	80	51	64	46	58
白汉早期双语儿童组	6—7	g1_p06	6	6	女	80	66	83	53	66
白汉早期双语儿童组	6—7	g1_p07	7	7	男	80	53	66	52	65
白汉早期双语儿童组	6—7	g1_p08	7	7	女	80	45	56	45	56
白汉早期双语儿童组	6—7	g1_p10	7	7	女	80	46	58	41	51
白汉早期双语儿童组	6—7	g1_p16	7	7	男	80	46	58	42	53
白汉早期双语儿童组	9—10	g3_p01	9	6	男	80	70	88	69	86
白汉早期双语儿童组	9—10	g3_p03	9	6	男	80	67	84	61	76
白汉早期双语儿童组	9—10	g3_p04	9	6	女	80	64	80	62	78

① "有效采样比%（时长和音高分析用）"指的是每一位发音人所产出可用于时长和音高分析的有效样本在个人总样本中的比例。与之类似的是，"有效采样比%（音高分析用）"指的是每一位发音人所产出可用于音高分析的有效样本在个人总样本中的比例。

续表

发音人组	年龄组	发音人编码	年龄	习得开始年龄（AoA）	性别	采样数	有效采样数（时长&音高分析用）	有效采样比%（时长&音高分析用）	有效采样数（音高分析用）	有效采样比%（音高分析用）（%）
白汉早期双语儿童组	9—10	g3_p07	9	6	女	80	64	80	63	79
白汉早期双语儿童组	9—10	g3_p12	9	6	女	80	59	74	51	64
白汉早期双语儿童组	9—10	g3_p13	9	6	男	80	53	66	52	65
白汉早期双语儿童组	9—10	g3_p14	9	6	女	80	75	94	67	84
白汉早期双语儿童组	9—10	g3_p15	10	7	男	80	62	78	61	76
白汉早期双语儿童组	12—13	g6_p01	12	6	男	80	68	85	62	78
白汉早期双语儿童组	12—13	g6_p02	12	6	女	80	65	81	59	74
白汉早期双语儿童组	12—13	g6_p04	13	7	男	80	62	78	58	73
白汉早期双语儿童组	12—13	g6_p05	12	6	女	80	56	70	53	66
白汉早期双语儿童组	12—13	g6_p06	13	7	男	80	53	66	48	60
白汉早期双语儿童组	12—13	g6_p08	12	6	女	80	76	95	75	94
白汉早期双语儿童组	12—13	g6_p09	13	7	女	80	69	86	55	69
白汉早期双语儿童组	12—13	g6_p12	13	7	男	80	67	84	60	75

· 239 ·

续表

发音人组	年龄组	发音人编码	年龄	习得开始年龄（AoA）	性别	采样数	有效采样数（时长&音高分析用）	有效采样比%（时长&音高分析用）	有效采样数（音高分析用）	有效采样比%（音高分析用）（%）
白汉早期双语儿童组	12—13	g6_p13	12	6	男	80	60	75	54	68
白汉早期双语成人组	成人	ta_p02	44	6	女	80	72	90	67	84
白汉早期双语成人组	成人	ta_p03	45①	6	女	80	70	88	69	86
白汉早期双语成人组	成人	ta_p04	43	6	女	80	74	93	73	91
白汉早期双语成人组	成人	ta_p05	46	6	男	80	73	91	65	81
白汉早期双语成人组	成人	ta_p06	29	6	女	80	76	95	66	83
白汉早期双语成人组	成人	ta_p07	51	6	男	80	67	84	52	65
大理方言单语者	成人	xgaa_p03	28	从出生起	女	80	69	86	67	84
大理方言单语者	成人	xgaa_p04	33	从出生起	男	80	66	83	66	83
大理方言单语者	成人	xgaa_p05	54	从出生起	男	80	75	94	74	93
大理方言单语者	成人	xgaa_p06	28	从出生起	男	80	78	98	68	85
大理方言单语者	成人	xgaa_p07	28	从出生起	女	80	77	96	73	91
大理方言单语者	成人	xgaa_p08	33	从出生起	女	80	75	94	67	84

① 这位发音人拒绝透露她的年龄信息。此处的年龄信息是个估计值。

附 录

续表

发音人组	年龄组	发音人编码	年龄	习得开始年龄（AoA）	性别	采样数	有效采样数（时长&音高分析用）	有效采样比%（时长&音高分析用）	有效采样数（音高分析用）	有效采样比%（音高分析用）（%）
白语单语者	成人	p01	23	从出生起	男	60	46	77	38	63
白语单语者	成人	p02	24	从出生起	男	60	54	90	52	87
白语单语者	成人	p03	25	从出生起	男	60	41	68	35	58
白语单语者	成人	p04	22	从出生起	女	60	44	73	36	60
白语单语者	成人	p05	24	从出生起	男	60	55	92	37	62
白语单语者	成人	p06	24	从出生起	男	60	42	70	37	62
白语单语者	成人	p07	46	从出生起	女	60	53	88	46	77
白语单语者	成人	p08	37	从出生起	女	60	46	77	33	55
白语单语者	成人	p09	45	从出生起	女	60	42	70	41	68
白语单语者	成人	p10	39	从出生起	男	60	52	87	44	73
白语单语者	成人	p11	23	从出生起	女	60	54	90	43	72
白语单语者	成人	p12	40	从出生起	女	60	50	83	47	78
白语单语者	成人	p13	26	从出生起	女	60	60	100	42	70
白语单语者	成人	p14	24	从出生起	女	60	58	97	51	85

后　记

　　本书是在我在 2017 年荷兰乌特勒支大学（Utrecht University）通过的博士论文 *The Development of Prosodic Focus-marking in Early Bilinguals'L2: A Study of Bai – Mandarin Early Bilinguals' Mandarin* 的中文修订本。

　　借此机会特别感谢恩师 Aoju Chen 教授、Hans Van de Velde 教授和 René Kager 教授，你们的引导和支持让我充分领略到了语言学研究的无穷魅力。三位教授从我进入乌特勒支大学语言研究所开始，就从未间断过对我的指导和帮助。你们对于学术的热爱、投入、努力深深地影响了我，并将一直伴随着我的学术之路。感谢"Get focus right"科研项目组的 Anna Sara Romøren、Frank Bijlsma、Joe Rodd、Martine Veenendaal、Paula Cox、Saskia Verstegen、Tom Lentz、韩蒙如、董晓丽和杨安琪。和你们在同一项目组里共事，我深感荣幸。

　　还要感谢中国留学基金委（CSC）和荷兰皇家科学院合作的 Talent & Training 项目资助我赴荷兰乌特勒支大学语言研究所（Utrecht Linguistic Institute）攻读博士学位。在研究所学习、工作的五年，不仅让我真正进入了学术研究的大门，而且让我深深为研究所优良的学术氛围、工作环境所感染。Huub Van den Bergh 教授，Mattis Van

后　记

den Bergh、Kirsten Schutter、Hugo Quené 教授、Laura Boeschoten、Tom Lentz、Maartje Schulpen 你们办公室的门永远为我敞开，你们使繁杂的数据处理和统计建模变得轻松愉快。频繁且高质的学术活动和国际交流机会、LOT 每年举行的寒假和暑期语言学班、同事间无私的分享让我时刻感受到语言学研究的最前沿。

此外，不得不提的是语言研究所的中国同仁们，李芳、张璟玮、陈傲、刘礼泉、魏一璞、胡霜霜、范珊珊等，你们在工作和生活上的帮助让我五年的荷兰生活，以及现在的研究工作都受益匪浅。

衷心感谢何稳菊、所有大理白族自治州喜洲镇金圭寺村参与本研究的发音人、金河小学的各位老师以及积极参加实验的同学们、下关城区的大理方言发音人，没有你们的积极参与和配合，本研究难以顺利完成。

感谢云南大学的杨立权老师和赵燕珍老师，在实验设计阶段及后续的书写阶段给予的宝贵建议和支持。另外，非常感谢云南大学文学院领导对本书出版的鼓励与支持，也由衷感谢云南大学给我提供的良好科研、教学环境。

最后感谢云南大学的谢思雨和景佳同学，在修订和审校本书过程给予的帮助和支持。感谢中国社会科学出版社承担本书的出版工作，感谢陈肖静编辑的尽心审校。

由于本人研究水平有限，书中一定存在不少不足之处，敬请读者批评指正。

刘增慧

2021 年 4 月